DER GUTE JUNGE

DER GUTE JUNGE

Eine Geschichte über die
Reise *zum* **Glück**

Andreas Hartinger

Der gute Junge
Eine Geschichte über die Reise zum Glück

Andreas Hartinger

1. Auflage, 2020

Impressum © 2020 Andreas Hartinger
Alle Rechte vorbehalten

Kein Teil dieses Buches darf ohne ausdrückliche schriftliche Genehmigung des Herausgebers reproduziert oder in einem Abrufsystem gespeichert oder in irgendeiner Form oder auf irgendeine Weise elektronisch oder mechanisch fotokopiert, aufgezeichnet oder auf andere Weise übertragen werden.

andreashartinger@protonmail.com

ISBN: 979-8-57-852663-3

Lektorat: Vera Filthaut, Corinna Fink
Coverdesign: Arif Creative
Layout: Miguna Studios

Für meine Söhne …
Die Geheimnisse eines glücklichen Lebens sind in
diesem Buch verborgen. Findet sie und nehmt sie mit
auf euren Weg. Wo auch immer er hinführen mag.

Kapiter 1: Warum weinst du? 1
Kapiter 2: Ein schweres Los 6
Kapiter 3: Das erste Gut 17
Kapiter 4: Das zweite Gut 30
Kapiter 5: Der kleine Bruder des Mutes 48
Kapiter 6: Unerwartete Hilfe 59
Kapiter 7: Das dritte Gut 77
Kapiter 8: Das vierte Gut 99
Kapiter 9: Neue Freunde 112
Kapiter 10: Das fünfte Gut 119
Kapiter 11: Warte auf den Sturm 130
Kapiter 12: Die Mühe trägt Früchte 146
Kapiter 13: Die Rache des Magnaten 157
Kapiter 14: Tausche gut und schnell 168
Kapiter 15: Die Rückkehr des Glücks 181
Kapiter 16: Der schönste Tag 185

KAPITEL 1

Warum weinst du?

Als ich den kleinen Jungen das erste Mal traf, saß er im Schatten einer großen Eiche. Am Leib trug er ein viel zu oft geflicktes Leinenhemd und eine kurze Hose aus grob vernähtem Ziegenleder. Seine Fußsohlen glänzten wie in Teer getauchtes Ebenholz, und seine Knie und Ellbogen trugen jene Schrammen, die der kindliche Übermut schlägt. Er war müde und mutlos. Müde, weil ihm der Schlaf der letzten Nacht fehlte. Mutlos, weil ihm allmählich dämmerte, zu was er sich entschlossen hatte.

Dicke Schweißperlen ruhten auf seiner Stirn, denn es war ein brennend heißer Sommertag. So heiß, dass man am liebsten in einen kühlen Teich hätte springen wollen, um darin zu baden wie die Gänse. Nur gab es ringsum keinen Teich. Von Süden her verlief, geradewegs vom Gebirge kommend, ein schmaler, staubiger Pfad nach Norden hin und führte dort weiter bis zu einer Stadt. Man konnte schon von weitem die funkelnden Fassaden und rauchenden Fabrikschlote sehen. Im Westen und Osten lag, bis zum Horizont ausgebreitet, kahl-verdorrtes Grasland. Allein sein Anblick brannte in den Augen.

Neben dem kleinen Jungen lag ein schmaler Stock, an dessen Ende ein Jutesack hing. Das muss wohl sein Reisegepäck sein, dachte ich und fragte mich, was sich darin verbergen mochte. Bestimmt ein paar Äpfel, etwas gegen den Durst und ein Hut gegen die sengende Sonne. Wahrscheinlich auch noch ein vom Vater geschnitztes Holzpferd und ein Tuch, um sich den Staub aus den Augen zu wischen. Als ich so vor mich hin grübelte, hörte ich plötzlich ein leises Schluchzen. Na so was, dachte ich. Der Tag ist doch zu schön, um traurig zu sein. Ich erkannte sofort, was der Grund dafür war. Da war sie wieder, meine alte Bekannte, oder besser gesagt meine ewige Widersacherin. Die Erwachsenen sagen «Ängstlichkeit» zu ihr. Ich aber bezeichne sie als fette Kröte, die elendig quakt, aber sofort von dannen springt, wenn man ihr zu nahe tritt. Man muss sich nur bewegen.

Nachdem der kleine Junge einfach so dasaß, die Hände vor das Gesicht gepresst, und keine Anstalten machte, der Kröte Einhalt zu gebieten, entschied ich mich, ihm zu helfen. Ich sauste wie der Wind zur Eiche hin und veranstaltete einen zornigen Wirbel. Durch den Lärm alarmiert, fuhr die Kröte herum, blähte sich erschrocken auf und war nach wenigen Sprüngen im Gras verschwunden.

«Siehst du, Junge, so behandelt man die Kröte», sagte ich.

Der Junge ließ die Hände in den Schoß fallen und sah mich an.

«Danke ...», sagte er. «Danke für deine Hilfe. Aber, wer bist du?»

«Nun, ich habe viele Namen und viele Gestalten», erwiderte ich. «Ein jedes Kind nimmt mich anders wahr. Wenn du es aber genau wissen willst, dann will ich dir den Namen sagen, den mir die Erwachsenen gegeben haben ... Sie nennen mich *Mut*.»

«Mut? Was für ein wunderlicher Name», sagte der Junge und wischte sich eine Träne von der Wange. «Kommst du etwa aus einem fremden Land?»

«Weißt du», sagte ich, «ich komme aus gar keinem Land, sondern bin überall dort zu Hause, wo es traurige Kinder gibt. So wie dich.»

«Das klingt schön, wenn man überall zu Hause sein kann. Ich habe mein Heim verlassen und es bis zu dieser Eiche geschafft.»

Das Kind schluchzte und schluckte den aufkeimenden Schmerz hinunter. Dann sagte es: «Die Stadt dort am Horizont sieht so erdrückend aus. Ich war noch nie in einer Stadt und weiß nicht, wie ich mich dort je zurechtfinden soll.»

Ich spürte die tiefe Verzagtheit, die in dem Jungen schlummerte. So beschloss ich, ihm Gesellschaft zu leisten, und zwar so lange, wie er mich brauchen würde. Ich setzte mich neben ihn und begann von allerlei Dingen zu erzählen, die ich bisher auf Erden erlebt hatte. Von einer Begegnung mit einem Känguru, das am liebsten rückwärts hüpfte. Und von einem Esel, der in Baumkronen schlief, um die Sterne besser beobachten zu können. Unvergessen ist auch das Äffchen, das ich im Urwald traf. Es trug eine Bananenschale auf dem Kopf. Auf meine Frage zu dieser Angewohnheit meinte es nur, dass die gelbgeschwungenen Schalenenden am Kopf besonders schick anzuschauen seien.

Ich erzählte ihm Episode auf Episode von all den seltsam-lustigen Dingen, die unsere schöne Welt zu bieten hat. Der Junge fand schnell Gefallen daran. Er schnalzte mit der Zunge und klopfte sich auf die Schenkel. Der ernste Schleier auf seinem Gesicht war bald verschwunden, und wir witzelten und lachten noch den halben Tag und vergaßen dabei die brütende Hitze. Der kleine Junge war sichtlich zufrieden mit mir und öffnete, als sich sein Bauch zu Wort meldete, den Jutesack: «Da, nimm. Ich habe noch zwei Äpfel übrig. Einen möchte ich dir schenken, weil wir ab jetzt Freunde sind.»

Ich schmunzelte. Ich hatte also mit meiner Vermutung richtig gelegen. Und so dankte ich ihm und sagte: «Ich will dir fortan ein Freund und treuer Begleiter sein. Wo immer du auch hingehst.»

Und so zogen wir der Stadt zu. Festen Schrittes und mit einem Wanderlied auf den Lippen, dessen

Der gute Junge

Melodie ich mittlerweile vergessen habe. Nur das, was ich mit dem Jungen fortan erlebte, bleibt unvergessen und soll allen müden und mutlosen Menschen Ansporn sein, es ihm gleichzutun.

KAPITEL 2

Ein schweres Los

Je näher wir der Stadt kamen, desto breiter wurde der Pfad. Das dürre Gras wich gestampftem Lehm. Bald schon stießen von beiden Seiten neue Pfade hinzu und mündeten gewissermaßen in den einen Weg zur Stadt. Dort, wo es alle Menschen hinzog. Wäre man ein Vogel gewesen, so hätte man das Weggeflecht von oben sehr leicht mit dem Venenmuster einer Hand verwechseln können. Genauso wie beim menschlichen Körper vereinten sich am Erdboden zahllose schmale Linien zu einem immer dicker werdenden Band. Das Band wiederum führte geradewegs in das Zentrum der pulsierenden Stadt hinein. Man konnte ihr Pumpen, Ächzen und Dröhnen schon von weitem hören. Selbst in stockdunkler Nacht hätten wir unser Ziel nicht verfehlen können.

Der gute Junge

Dass es Nacht wurde, kam für uns dann doch überraschend. Pfeifend und singend hatten wir den Rest des Sonnentages im Nu hinter uns gelassen. Genauso wie die verdorrte Grasebene und die in der Ferne zu kleinen Kegeln zusammengeschrumpften Berge. Der Junge hatte mir zwischenzeitlich von seinem Schicksal erzählt. Mit herzoffener Ehrlichkeit, so wie sie einem Kinde nur in guter Elternstube in die Wiege gelegt wird. Kurzum, er war im *Paradies* aufgewachsen. So nannte er den kleinen Bauernhof, wo Vater und Mutter für das Auskommen der Familie sorgten. Vor dem Vater hatte schon der Großvater die Felder mit seinen Händen bestellt, so wie vor ihm der Urgroßvater. So gab es auf dem Bauernhof allerlei Tiere und immer genug zu tun. Für das leibliche und das seelische Wohl war stets gesorgt. Der Junge und seine drei Geschwister konnten sich nach Herzenslust austoben, und gab es mal Streit, so fand die Mutter stets versöhnliche Worte. Ihr Leben auf dem kleinen Hof war von großem Glück geprägt. Bis sie eines Tages Besuch von einem Magnaten aus der Stadt bekamen.

«Wachse oder weiche!», sagte dieser zum Vater, ohne eine Miene zu verziehen.

«Aber warum soll ich denn wachsen?», antwortete der Vater. «Wir kommen gut mit dem zurecht, was uns der Boden gibt. Der Natur aus bloßer Gier mehr als das Notwendigste abzuringen, würde ihr nichts Gutes tun.»

«Nun, du magst wohl bei deiner Philosophie bleiben, Bauer, aber noch bevor das Jahr vorbei ist, werde ich alle Felder um deinen Hof herum zusammengekauft haben.»

Schelmisch grinsend zog er eine dicke Zigarre aus einem goldenen Etui und schob sie zwischen die Mundwinkel. Dann fuhr er fort: «Meine städtischen Kunden zahlen mir gutes Geld für Waren vom Land. Deshalb gibt es für dich nur zwei Möglichkeiten. Entweder du machst es mir gleich, obwohl du dafür mehr besitzen müsstest als das Wenige, das dir der Boden gibt. Oder du trittst mir deine Felder ab und machst künftig bei mir Dienst als Landknecht.»

Noch bevor die letzte Silbe den Mund des Böslings verlassen hatte, bekam der Vater einen jähen Zornanfall. Er gab Flüche von sich, die den vier Kindern bis dahin fremd gewesen waren. Er stieß den unliebsamen Besucher zur Stube hinaus und schrie: «Geh doch dorthin zurück, wo der Pfeffer wächst! Hier bleibt alles so, wie es ist!»

Danach fiel er mit hochrotem Kopf in die Arme der Mutter, um sich in Anbetracht der Kinder nicht noch mehr zu verlieren. Der ebenfalls erzürnte Junge aber lief dem Magnaten nach und polterte: «Hier bleibt alles so, wie es ist! Und Sie gehen dorthin zurück, wo … ich weiß nicht was wächst …»

Irritiert ob der unklaren Bedeutung der väterlichen Redensart kam er bei seinen letzten Worten ins Stocken. Da ließ der Mann seine Zigarre auf den makellos gekehrten Vorhof fallen und drückte sie mit einer knirschenden Bewegung seines Stiefels aus.

«Siehst du, Junge, du weißt es nicht. Genauso wenig wie deine Eltern. Ich weiß von vielerlei Dingen etwas. Allesamt Sachen, die ich in der Stadt gelernt habe, was auch der Grund ist, warum ich immer bekomme, was ich will.»

Dann saß er eilig auf einer bereitstehenden Kutsche auf und entschwand zusammen mit seinem Diener in das Tal hinein. Dorthin, wo die Nachbarhöfe lagen.

In den Tagen nach dem unheilvollen Besuch kehrte allmählich wieder Normalität ins *Paradies* zurück. Die Mutter bemühte sich nach besten Kräften um die Wiederherstellung des Haussegens. Dadurch vergaßen die drei kleineren Geschwister auch bald, was vorgefallen war, und widmeten sich wieder ihren Spielen und Streichen. Nur der Vater schien fortan unter einer schweren seelischen Last zu leiden. Der Junge war alt genug, um dies bei seinem Anblick zu spüren. So übertrug sich das Stimmungsbild des Vaters auf das Gemüt des ältesten Sohnes. Plötzlich war da eine innere Stimme, die den Jungen nicht zur Ruhe kommen ließ.

«Wachse oder weiche, wachse oder weiche, wachse oder ...»

Nacht für Nacht schreckten ihn dunkle Träume hoch, plagten ihn Tausende bohrende Fragen. Begleitet von einem schaurigen Quaken. Es war doch verteufelt. Sollte alles, was seiner Familie etwas bedeutete, so urplötzlich vor die Hunde gehen? Musste man sein Schicksal einfach so hinnehmen? Das Unglück wog ungemein schwer, ja es steigerte sich von Stunde zu Stunde, bis die Brust des Jungen fast zu zerbersten drohte. Dies und das laute Quaken nicht weiter ertragend, stahl er sich eines Nachts aus dem Haus, nur mit einem Sack voller Äpfel und einem Stock in der Hand. Kurz zuvor hatte er noch das älteste Schwesterchen geweckt, die schlafträumerisch zur Kenntnis nahm, dass er sich aufmachen wollte, um das Glück zu ihnen zurückzubringen. Die Eltern sollten nicht schlecht von ihm denken, denn er werde heimkehren. Spätestens wenn er alle Antworten auf seine Fragen gefunden hatte. Dann und nur dann würde er wieder an ihre Tür klopfen.

«Ist gut», hatte die Schwester gemurmelt und war bald wieder in den Schlaf geglitten. Der Junge aber nahm seinen Stock und stieg durch das Fenster in die laue Sommernacht hinaus. Es stand mir nicht zu, über den Schritt des Jungen zu urteilen. Zu bewerten, ob es richtig oder falsch war, das Heim gegen eine Welt voller Wagnisse und Gefahren zu tauschen. Meine Aufgabe war es, ihm beizustehen, solange er mich brauchen würde. Herausforderungen gab es genug. Schon als wir zu später Stunde die Vorstadt betraten, wo sich kleine Häuser mit ebenso kleinen Gärten, Höfen und Läden abwechselten, war guter Rat teuer.

«Ich bin müde und hungrig von der langen Reise», sagte der Junge. «Meine Lider sind genauso schwer wie meine Beine.»

Er stolperte schon mehr, als er ging, also wollten wir nach einer Bleibe fragen. Uns am nächsten lag ein einstöckiges Haus. Über der Tür prangte ein Schild mit einem goldfarbenen Ross. Darunter stand in purpurblauen Lettern *Zur Pferdeschenke* geschrieben. Das Erdgeschoss war hell erleuchtet. Gläser klirrten, Menschen lachten, eine Ziehharmonika sorgte laut quietschend für Unterhaltung. Ein paar Reisende ließen es sich noch einmal gutgehen und tranken und aßen, was der Geldbeutel hergab. Jene, die dafür bereits zu müde waren, hatten sich im Stock darüber zur Ruhe gebettet. Ihr lautes Schnarchen drang bis hinunter auf die Straße.

«Scheu dich nicht», sagte ich. «Klopf an.»

Der Junge nahm die Schultern hoch, reckte sein Haupt und trat an die Wirtshaustür.

Klopf – klopf ... Die Faust des Jungen berührte die Tür so zaghaft, dass ich meinte, er hätte sie nur gestreichelt. Das Gläserklirren, Menschenlachen und Musizieren ging in der gleichen Tonlage weiter.

«Wer auf sich aufmerksam machen will, muss zuweilen auch laut sein», sagte ich.

Klopf! – Klopf! Laut polterten die Schläge der kleinen Faust.

Der Lärm hinter der Tür verstummte.

Man konnte instinktiv spüren, wie die Augen der Gäste zum Eingang wanderten. Neugierig darüber, wer wohl ihre spaßige Eintracht zu so später Stunde noch störte. Kurz darauf ertönten knarrende Schritte. Ein schwerer Riegel wurde zur Seite geschoben, und schon flog die Wirtshaustür auf. Vor dem Jungen stand der Wirt. Mit hochgeschlagenen Hemdsärmeln, einer viel zu eng bemessenen Lodenweste und einem schwarzen Filzhut auf dem roten Kopf. Während er sich die nassen Hände an einem Geschirrtuch trockenrieb, murrte er: «Was willst du denn? Solltest du nicht schon längst das Bett hüten?» Er sah nur den Jungen; mich konnten seine Augen nicht erblicken.

«Guten Abend, Herr Wirt», sagte der Junge. «Ich bin auf der Durchreise und suche Kost und Bleibe für die Nacht. Ich brauche bestimmt nicht viel Platz. In der Not reicht mir ein Strohlager.»

«Hmmm ... nun denn. Hinten im Pferdestall wäre noch Platz für dich. Ich muss dir aber dafür wie allen anderen auch einen Silbertaler berappen. So ein Wirtshaus zu betreiben ist nämlich eine kostspielige Angelegenheit.»

Ich merkte sofort, dass die Gestalt ein profitables Geschäft witterte.

Der Junge meinte daraufhin: «Aber ich habe nicht einen Pfennig dabei. Wenn nötig verzichte ich auf das Essen. Die Pferde werden sich bestimmt nicht an mir stören.»

Es war zwecklos mit dem Wirt zu verhandeln. Der Junge hatte nicht einmal ausgesprochen und schon fiel die Tür zu. *Rums* – der Riegel wurde über das Türblatt in die Eisenfalle geschoben, und die Gäste wandten sich wieder laut grölend dem spaßigen Gelage zu. Ich zuckte mit den Achseln und zeigte die Häuserzeile hinunter. Irgendwo werde es bestimmt ein Plätzchen geben. Man müsse eben Geduld haben. Doch schon beim Nachbarhaus gab es die nächste Absage. Eine junge Frau öffnete uns. Ein Kind hielt sie im Arm. Ein zweites war wie ein Klammeräffchen um ihr Bein geschlungen. Hinter ihr standen vier weitere Kinder mit Löffeln in den Händen.

«Ich kann dir leider nicht helfen. Ich habe sechs Mäuler zu stopfen. Meinen Mann noch nicht eingerechnet, der noch immer nicht von der Arbeit zu Hause ist», war ihr Kommentar.

Der gute Junge

Wir gingen weiter und klopften an das nächste Haus, wo noch Licht brannte und Stimmen zu hören waren. Kurz sah ich noch den Vorhang zur Seite flattern, bevor auch schon das Licht im Haus erlosch und alle Geräusche verstummten. Es schien, als wären seine Bewohner tot umgefallen, so still war es auf einmal. In einem Geisterhaus wollten wir sowieso nicht die Nacht verbringen, und so zogen wir rasch weiter. Es war zum Verzweifeln. Überall, wo wir anklopften, hagelte es Ausreden und Absagen. Die Hochhäuser kamen immer näher. Wenn wir hier in der Vorstadt kein Dach über dem Kopf fanden, würde es uns im Labyrinth der Großstadt erst recht nicht gelingen. Angst und Bange machte sich breit. Kurz konnte ich die Kröte quaken hören, ehe ich den Jungen ermutigte, beim letzten Haus der Straße noch einen Versuch zu unternehmen. Im gelb gleißenden Schein der Straßenlaternen sah man, dass das Haus wesentlich kleiner war als die anderen. Rundherum schälte sich ein großzügiger Garten aus der Dunkelheit hervor. Hinter dem Haus, das konnte man nur erahnen, lag wahrscheinlich eine Wiese. Es roch verdächtig nach Schafen, obwohl, wenn wirklich welche in der Nähe wären, diese schon längst schlafen würden. Beim Gang durch die Gartenpforte fielen mir hoch oben auf dem Bogen zwei singende Täubchen auf. Sie lagen sich in den Armen. Im Haus selbst war kein Lebenszeichen zu sehen.

Klopf – Klopf. Firm von der vielen Übung hämmerte die Faust des Jungen auf die Tür. Dann tat sich eine ganze Weile nichts, bis wir schon kurz davor waren, kehrtzumachen und den verliebten Täubchen

Lebewohl zu sagen. Plötzlich ging am äußersten Fenster rechts das Licht an. Kaum eine Minute später auch im Raum daneben. Bis schließlich die Eingangstür einen Spalt weit aufging und ein verträumtes Mütterchen nach draußen lugte. Sie sah aus wie die Großmutter von Rotkäppchen. Unter dem bestickten Schlafhäubchen quollen seidig-graue Haarlocken hervor. Auf der feingeschnittenen Nase ruhte eine Brille mit kreisrunden Gläsern, und über dem Körper trug sie ein schneeweißes, ebenfalls mit Spitze verziertes Schlafkleid. Die Füße steckten in klobigen, aber sehr bequem aussehenden Wollpantoffeln.

«Aber Hallo. Ein kleiner Bub, ganz allein in finstrer Nacht? Wer hat denn dich hierher geschickt?», fragte die um ihren Schlaf gebrachte Frau.

«Niemand», sagte der Junge. «Ich bin selbst losgezogen, gnädige Frau; und nun quält mich der Hunger und ich muss wohl auf den Steinen schlafen.»

Der sichtlich um Höflichkeit bemühte Junge versuchte nach allen Regeln der Kunst, seine letzte Chance zum Erfolg zu führen.

«Auf den Steinen schlafen? So weit kommt es noch. Ein Lump ist, wer ein Kind zu so abenteuerlicher Stunde wegschickt. Also komm. Husch, husch. Rein in die gute Stube.»

Dem Jungen wurde bei der feinen Stimme der alten Frau warm ums Herz. Sofort hatte sie sein Vertrauen gewonnen und er trat schnurstracks in das Haus der zwei singenden Täubchen ein. Kaum eine Stunde später lag er satt und erfrischt in einem weißen Federbett. Die

Der gute Junge

Decke bis zu den Ohren gezogen und ein Leinengewand auf der Haut, welches die alte Frau aus den Tiefen einer Truhe hervorgezaubert hatte. Auf dem Nachttisch stand ein Glas Milch. Ihm zur Seite lag die Hauskatze.

«Sie schläft sonst allein hier», sagte die Frau. «Ein wenig Gesellschaft wird ihr aber nicht schaden.»

Der Junge nickte und fragte leise nach dem Namen seiner Gastgeberin. «Das habe ich in der Aufregung ganz vergessen», sagte er.

«Mich nennen hier alle die *alte Weberin*, weil ich aus der Wolle meiner Schafe viele schöne Dinge machen kann. Du magst aber das *alte* weglassen und mich bloß *Weberin* rufen.»

«Das will ich machen», sagte der Junge und wollte sich noch für alles bedanken.

«Ist gut», unterbrach ihn die Frau und lächelte verlegen. «Morgen wartet ein schöner Tag auf uns. Du wirst sehen. Ich freue mich darauf, also schließe die Augen und ruhe dich aus.»

Von der Straße her sah man das Licht in der gleichen Reihenfolge ausgehen, wie es vorhin angegangen war. Zuerst in der Stube des Jungen, dann im Vorraum und am Ende ganz rechts im Zimmer der Weberin. Es war das erste Mal, dass der Junge in einem fremden Bett schlief. Die erste Nacht getrennt von den Eltern, Geschwistern und all den Dingen, die ihm lieb und vertraut waren. Ich dachte an die Weberin und lauschte dem Schnurren der Katze, wie es flach dahinglitt, bis es der Müdigkeit nachgebend verstummte. Und ich beobachtete, wie sich die Decke des Jungen langsam hob und senkte, und sah, wie er kurz die Stirn in Falten warf, als ob ihn etwas jagen würde. Aber es war nur ein böser Gedanke, der sogleich einem schönen wich, und so fand auch der Junge schließlich seine Ruhe. Welche Abenteuer werden ihn wohl noch erwarten, dachte ich. Wo wird seine Reise hingehen? Alles Fragen, die dem Jungen gleichgültig waren, so tief und fest schlief er in dieser Nacht.

KAPITEL 3

Das erste Gut

Die ersten Sonnenstrahlen brachen durch das Glas und tauchten die Rückwand des Bettes in ein helles Licht. Langsam wanderten sie zu einem halb verborgenen Kinderkopf hinab. Stirn, Augen und Nase waren die einzigen Körperteile, die unter der Bettdecke hervorlugten. Der Rest aber war eingezogen wie beim Panzer einer Schildkröte.

Dann begann ein hauchdünner Sonnenstrahl die Nase zu kitzeln. Zuerst zärtlich, und als sich weiterhin nichts rührte, mit ungeduldigem Nachdruck. Schon kribbelte die Nasenspitze, blähten sich die Nüstern auf, und ehe noch mehr Sonnenstrahlen zu Hilfe eilen konnten, erschallte ein donnerndes *Hatschi!*. Mit einem Ruck saß der Junge aufrecht im Bett und blickte verblüfft um sich.

«Nanu? Wo bin ich denn hier gelandet?», seufzte er und rieb sich den Schlaf aus den Augen. Dann musterte er die Stube, bestaunte die Möbel und die weißen Wände und fühlte das wolkenweiche Schlafgewand auf seiner Haut. Danach ertastete er die Spiralfedern in der Matratze und stieß sie mit wippenden Bewegungen nach unten.

Miau, ertönte es von links. Mit scharfem Blick gab die um ihren Schlaf betrogene Katze dem Jungen zu verstehen, dass sie hier das Sagen hatte. Kurz streckte sie sich noch durch, bevor sie von der Bettkante sprang, zur Tür stolzierte und nach dem Frauchen rief. Es dauerte nicht lange und die Weberin trat ein.

«Guten Morgen, ihr beiden. Wie war die Nacht zu zweit?» Und dann, ohne eine Antwort abzuwarten: «Oje, ich sehe, mein Kätzchen, mein liebes Schätzchen, ist schon ganz ausgehungert. Also los, auf die Beine, der Tag wartet nicht auf uns Menschen.»

Die Weberin wirbelte durch das Zimmer und riss das Fenster auf. Dann legte sie Kleidung für den Jungen bereit und streichelte seinen wuscheligen Kopf. Wie ein Wasserfall erzählte sie von ihrem Morgenwerk.

«Früh auf die Beine, früh zu Bett, das ist nett.» – «Die Schafe füttern mit Schrot und Stroh, am liebsten mögen sie das so.» – «Gekocht, gekämmt und auf die stille Örtlichkeit, und schon ist man für den Tag bereit.»

Der Junge saß noch immer aufrecht im Bett. Den Mund weit offen. Ein solches Energiebündel war ihm noch nicht untergekommen. Vor allem nicht mit weißen Haaren und zu so früher Stunde. So verfolgte er das Schauspiel mit kindlicher Neugierde und ließ sich vom Wesen der alten Weberin anstecken. Nach dem Frühstück gingen sie in den Garten. Und was hätte der Junge dazu sagen sollen? Der Garten war nicht bloß ein eingezäunter Wiesenfleck, so wie ihn die anderen Häuser besaßen, sondern ein weitläufiger Park. Uneinsehbar von der Straße her, tat sich hinter dem kleinen Häuschen ein Idyll auf, das so gar nichts mit der tristen Vorstadt gemein hatte. Den ganzen Vormittag streifte er mit der Weberin darin umher, sah nach den Schafen und Hühnern, half ihr beim Sammeln der Äpfel, beim Pflücken von Kräutern und beim Schöpfen von Wasser aus dem gletscherklaren Bach. Dieser speiste sich aus einer Quelle, die irgendwo im Park entsprang, und weil Wasser immer seinen Weg fand, hatte es sich in wilden Kurven durch die Erde gegraben und an den seichten Stellen Bänke aus Kies aufgetürmt, die an sonnigen Tagen weiß schimmerten. Dem Jungen kamen schöne Gedanken und er wünschte sich seine Geschwister herbei, ohne dass sich der Wunsch erfüllte. Das bemerkte auch die Weberin und fragte: «Na, was sagst du zu meinem Reich?»

«Es ist wunderschön hier», antwortete der Junge.

Die Weberin lächelte verlegen und bückte sich nach einem Apfel.

Der Junge verstummte. Ich sah es ihm an, dass eine Frage auf seiner Zunge brannte und er sich nicht getraute, diese zu stellen. Ein leises Quaken war plötzlich zu hören. Also hatte uns die fiese Kröte aufs Neue gefunden und erfreute sich nun an der Scham eines Kindes. Ehe das Tier noch mit seinem Spuk weitermachen konnte, flüsterte ich dem Jungen ins Ohr: «Frag nur. Gleich was du fragst, ein guter Mensch wird keinen Narren aus dir machen.»

Der Junge wischte sich mit dem Handrücken über die Stirn. Als er nach einer kurzen Gedankenpause seinen Mund öffnete, war das lästige Krötengeräusch verstummt. Er fragte: «Wie kann es sein, dass du mitten in der Vorstadt ein so schönes und großes Stück Land besitzt, obwohl du nur den Ertrag von ein paar Schafen und Hühnern für dich hast?»

Die Weberin blickte überrascht auf und runzelte die Stirn. «Das hat mich noch niemand gefragt», erwiderte sie, «aber ich will dir Antwort geben.»

Also gingen die beiden zum Haus zurück, verstauten das gesammelte Obst in der Vorratskammer und saßen wenig später am Webstuhl zusammen. Dort zeigte die Weberin, wie geschickt sie ihr Handwerk verstand. Mit einem Fußtritt hob sie die eine Hälfte der waagrecht gespannten Fäden an, so dass ein Hohlraum entstand. Dann brachte sie den Querfaden mit Hilfe eines hölzernen Schiffchens ein, welches sie an der rechten Seite durch den Hohlraum schubste und am anderen Ende mit ihrer linken Hand auffing. Im letzten Arbeitsschritt stieß sie noch die Lade ganz nach vorn. Das wiederholte sie viele Male, bis die Spindel leer war und der Junge ihr eine neue reichen musste. Als die Stoffbahn so allmählich in die Länge wuchs, gab sich die Weberin als älteste Bewohnerin der Vorstadt zu erkennen. Sie hatte schon mit ihren Eltern im Haus gelebt, als die Vorstadt noch gar nicht existierte. Zu jener Zeit lag selbst die Stadt in weiter Ferne, hatte keinen Fabrikschlot und nur wenige schillernde Glasfassaden. Aber als die Jahre so in das Land zogen, veränderte sich auch die Umgebung. Zuerst wurde die alte Lehmstraße durch eine gepflasterte Fahrbahn ersetzt. Die ringsum verstreuten Bauernhöfe wichen Gasthäusern, Wohn- und Geschäftsbauten. Ölbefeuerte Straßenlaternen schossen wie Pilze aus dem Boden. Streng behütet durch einen Nachtwächter. Die Weberin übernahm nach dem frühen Tod der Eltern die kleine Schafzucht und begann sich sodann gegen die Verstädterung zu stemmen. Jeden Taler, den sie durch den Verkauf von Stoffen und handgewebter Kleidung einnahm, steckte sie in den Erwerb von frei gewordenem Land. Ihr Lohn eines Jahres war nicht viel, aber dennoch war sie stets zur Stelle, wenn ein Nachbar seine Pforten schloss und seine Sense gegen den Hammer in der Fabrik eintauschte. So wuchs ihr Grundstück zu diesem Idyll heran. Dies blieb nicht ohne Neider und Halunken, die nur das schnelle Geld witterten. Die Weberin erzählte von bösen Zeiten, in denen sie immer wieder bedrängt wurde, ihr Grundstück zu verkaufen. An findige Geschäftsleute, Großbauern und Spekulanten. Sie alle standen über viele Jahrzehnte hinweg bei ihr Schlange, nur um sich eine Abfuhr nach der anderen zu holen.

«Warte, du alte Schachtel, bis dich das Schicksal ereilt. Sogleich werde ich mir dein Land unter den Nagel reißen – lange kann es nicht mehr dauern», soll einmal ein besonders enttäuschter Kaufmann zu ihr gesagt haben.

«Nun, der Herr liegt seit vielen Jahren unter einer Marmorplatte begraben. So wie viele, die ich mittlerweile überlebt habe», sagte sie dazu.

Sie erzählte auch, dass ihr nie eine Familie vergönnt war, weil es zu ihrer Jugendzeit alle heiratsfähigen Männer vorzogen, in die Stadt zu ziehen. So blieb sie mann- und kinderlos, bis die Frage der Familiengründung sowieso vom Tisch war.

«Weißt du, mein Kind …», stotterte die alte Dame plötzlich. In ihrem Blick lag ein Schimmern, das entsteht, wenn sich Tränen an den Augenrändern sammeln. «Wenn ich darüber nachdenke, schmerzt mich das Alleinsein sehr. Mehr als alles andere. Von meinen Freunden ist niemand mehr hier. Sie sind mir alle in den Himmel vorgegangen. Und von den Jungen interessiert sich niemand für ein altes Mütterchen wie mich.»

Als sie den Anflug dunkler Stimmung bemerkte, hielt sie kurz inne: «Was soll's. Ich will uns nicht diesen Sommertag verderben. Ich bin froh, endlich wieder Gesellschaft zu haben.»

Die Lade rastete ein letztes Mal in der hintersten Stellung ein. Die Fäden waren aufgebraucht. Die Spule im hölzernen Schiffchen war leer. So griff die Weberin nach einer Schere und schnitt die überstehenden Fäden ab. Der Junge knüpfte derweilen die Enden zusammen, damit der fein gewebte Stoff nicht ausfransen konnte. Danach legten sie den Ballen auf ein Regal, rasteten eine Weile und spazierten am Nachmittag eine Runde durch den Park. Dort kam die Weberin auf das Schicksal des Jungen zu sprechen.

Er erzählte ihr von seiner Heimat und dem Besuch des Magnaten. Er schilderte die wütende Reaktion des Vaters ebenso, wie die bedrückte Stimmung im Haus danach. Fortzugehen war seine einzige Möglichkeit gewesen, um das Unglück doch noch abwenden zu können. Er sprach auch von der langen Reise, der Hitze und von der Herbergsuche. Letzteres quittierte die Weberin nur naserümpfend mit: «So ist das mit den Menschen. Je näher man der Stadt kommt, desto kälter werden ihre Herzen.»

Schließlich gab der Junge zu, dass es ihm bei der Weberin sehr gefiele, er aber seinen Weg bald fortsetzen müsse. Nur wusste er nicht wohin. Sie redeten noch bis zum Einbruch der Dunkelheit. Jenem Zeitpunkt, an dem bereits das Glockengeläut des Nachtwächters zu hören war und eine Straßenlaterne nach der anderen ihr Licht in die Dämmerung warf. Es dauerte nicht lange und der Junge schlummerte fest eingerollt neben dem Kätzchen.

Nur die alte Weberin lag noch hellwach in ihrem Zimmer und starrte an die Decke. Was wird wohl aus dem Jungen werden, dachte sie. Die Welt ist so unglaublich groß und voller Gefahren. Und trotzdem hat er sich aufgemacht, um das Glück wiederzufinden und es heimzubringen. Aber wie? Mit einem leeren Jutesack und einem Wanderstock? Er wird mehr brauchen als das.

Während sie grübelte und auf ihr Leben zurückblickte, die Dinge abwog, von denen sie gelernt und unter denen sie gelitten hatte, leuchtete eine Sache ganz deutlich vor ihrem inneren Auge auf. Der Eckstein eines glücklichen Lebens.

«Das ist es», sagte sie leise. «Das werde ich dem Jungen mitgeben.»

Dann drehte sie sich zufrieden auf die Seite, rückte ihr Kopfkissen zurecht und schloss die Augen. Als sie tief und fest schlief, konnte man ihr Lächeln auf den Lippen immer noch erahnen, so sehr freute sie sich auf den nächsten Tag.

Langsam kehrte in der ganzen Vorstadt Ruhe ein. Überall erloschen die Lichter. Kein Mensch und auch kein Tier schien mehr auf den Beinen zu sein. Und doch war plötzlich ein polterndes Geräusch zu hören. Es kam aus dem Süden, von der weiten Ebene her, und es kam rasch heran. Aus der Dunkelheit schälte sich eine Kutsche. Oben auf der Sitzbank saß der Diener. Er war müde von der langen Reise und versuchte, die Pferde mit allen Kräften auf der Straße zu halten. Es war schließlich nicht mehr weit. Ein Stück in die Stadt hinein, vorbei an der großen, Kathedrale und weiter bis in das Villenviertel. Dort, wo die Reichen und Mächtigen des Landes wohnten. Durch das Kutschenfenster fiel das Licht der vorbeiziehenden Laternen. Dabei blitzte jedes Mal ein kleines Behältnis auf. Er war aus purem Gold. Wie aus dem Nichts erschien eine Hand. Sie öffnete das Behältnis und griff nach einer Zigarre. Kurz flammte ein Streichholz auf und offenbarte einen kugelrunden Kopf unter einem viel zu kleinen Zylinder. Vom Fahrtwind unbeeindruckt stieg grauer Rauch zur Decke hoch.

«Den Bauerntölpeln habe ich es gezeigt», sagte der Kopf.

Der gute Junge

Wieder stieg der Qualm hoch, bevor die Stimme ein zweites Mal ertönte: «Das wird das Geschäft meines Lebens. Wie ich es anstellen muss? Ich weiß es schon. Nur für die paar trotzigen Bauern muss noch eine Lösung her. Danach wird das ganze Tal mir gehören.»

Ein finsteres Grinsen überzog das Gesicht des Magnaten. So finster, dass sogar der Schein der Laternen Mühe hatte, in das Innere der Kutsche vorzudringen. Dem Diener lief unvermittelt ein Schauer über den Rücken und die Pferde schienen auf einmal zu galoppieren, als wäre ihnen der leibhaftige Teufel auf den Fersen.

Zum Glück ahnte der Junge nichts von alledem. Oftmals ist es nämlich besser, wenn man von den vielen boshaften Dingen, die um einen herum geschehen, nicht zu viel weiß. Man würde ansonsten keinen Fuß vor den anderen setzen wollen. Meine Aufgabe war es, die Angst von dem Jungen fernzuhalten. So erzählte ich ihm kein Wort von dieser nächtlichen Begebenheit, als er am Morgen danach schon wieder voller Eifer auf den Beinen war.

«Komm, ich zeige dir etwas», sagte die Weberin. «Wir setzen uns auf die Bank vor dem Haus, um ja nichts zu verpassen.»

Der Junge leerte den letzten Kübel Schrot in den Stall und folgte ihr zur Bank. Die Sonne stand erst zur Hälfte über dem Horizont und die Luft war klar und frisch. Der Junge und die Weberin waren die einzigen Menschen weit und breit. Nach einigen Minuten des Wartens fragte er: «Wolltest du mir die leere Straße zeigen?»

Die Weberin schüttelte den Kopf. Dann hörte sie einen leisen Seufzer und flüsterte: «Beobachte die Menschen, Junge, und du wirst alles erfahren, was du im Leben wissen musst.»

Als hätte jemand eine unsichtbare Glocke geläutet, erwachte die Vorstadt plötzlich zum Leben. Es war ein zaghaftes Surren, das zu den Ohren drang, wie in einem Bienenstock, auf den die Morgensonne schien. Mit jedem Sekundenschlag wurde das Surren lauter. Schon wurden Vorhänge zur Seite geschoben und Fenster aufgerissen. Schon sah man schlaftaumelnde Gestalten von einem Zimmer in das andere wanken. Auf dem Kopf eine Zipfelmütze oder eine Schlafhaube. Wortfetzen waren zu hören. Von der Ehefrau, die ihrem Mann vorwarf, dass er am Abend zuvor schon wieder zu spät heimgekommen war. Vom Ehemann, der seiner Frau erklärte, dass er lieber mit seinen Freunden Karten spiele, als sich zu Hause anzicken zu lassen.

«Und sowieso, hast du mein Hemd gebügelt? Und wo ist eigentlich meine Weste?», hörte man jemanden rufen. «Ich mache dir gleich Beine.»

Die morgendliche Hektik hatte sich inzwischen so weit aufgeschaukelt, dass der Junge gar nicht mehr aus dem Staunen herauskam. Wohin er auch sah – Eile, Rohheit und Missmut. Die ersten Bewohner tröpfelten schon an der Straßenecke ein. Von dort fuhr zu jeder halben Stunde ein Wagen in die Stadt. Alle, die dort standen, hatten Ringe unter den Augen. Manche zogen nervös an ihrem Zigarettenfrühstück. Andere wiederum blätterten noch rasch in der Zeitung nach den neuesten Sensationen. Kein Wort wurde in der grauen Menge gesprochen. Als der erste Schwung, auf dem Wagen verstaut, in die Stadt entschwand, sammelte sich nach und nach das nächste Grüppchen. So lange, bis die Straße nahezu leer war und wieder Ruhe einkehrte. Neugierig erwartete der Junge ein Urteil. Aber die Weberin blieb stumm, stand von der Bank auf und ging zum Tagesgeschäft über. Nur am Abend bestand sie darauf, wieder vor dem Haus Platz zu nehmen. Denn das Schauspiel schien sich aufs Neue anzubahnen. Nur in umgekehrter Richtung. Langsam schlängelte sich ein Heerwurm aus Arbeitern und Angestellten aus der Stadt heraus. Für den Jungen wirkten die Körper noch geknickter, die Augen noch müder und die Köpfe noch gedankenleerer als am Morgen. Die eine Hälfte der Menschen entschwand schleunigst in den Häusern, während sich der andere Teil in die Gaststätten verzog.

Tag für Tag saßen die beiden auf der Bank und beobachteten ein immer wiederkehrendes Schauspiel von Ziehenden und Kommenden. Die wenigen, die zuweilen in der Vorstadt zurückblieben, standen Schlange beim Apotheker, um sich Linderung gegen Beschwerden aller Art zu holen. Von diesen gab es wiederum eine Handvoll, die ihren Zweck in der Arbeitswelt erfüllt hatten und kreidebleich und ausgelaugt am Fenster hockten und dort ihr einsames Dasein fristeten. Der Junge saugte die vielen Eindrücke zwar auf, der Zusammenhang mit der ach so wichtigen Sache, die ihm die Weberin zeigen wollte, blieb ihm aber verborgen. So geschah es am sechsten Tag, dass die alte Dame ihr Schweigen beendete.

Sie fragte: «Hast du gesehen, wie die Leute leben?»

Erwartungsvoll hämmerte die Antwort des Jungen: «Ja, das habe ich.»

«Hast du auch gesehen, wie müde sie sind? Egal zu welcher Stunde.»

«Ja.»

«Sind dir die Menschen aufgefallen, die beim Apotheker Schlange standen, und auch jene, die ihren Lebensabend auf so traurige Weise verbringen, weil sie am Ende ihrer Kräfte sind?»

«Ja, Weberin, auch das habe ich gesehen.»

«Nun, es kann gar nicht anders sein», sagte sie. «Es ist so, als würde man Tag für Tag ein Stück von sich abbrechen und achtlos verbrennen. So lange, bis nichts mehr übrig ist.»

Der Junge nickte.

«Die Menschen folgen so verbissen ihren falschen Zielen, dass sie ihre Gesundheit achtlos vergeuden, und sie hören nicht damit auf, und sei es fünf nach zwölf. Du musst wissen: die Gesundheit ist unser wichtigstes Gut. Sie fehlt uns erst dann, wenn wir schon viel zu wenig davon haben.»

«Gesundheit», sagte der Junge staunend.

Wie lieblich dieses Wort klingt, wenn ein Kind es sagt, dachte die Weberin. Dann sagte sie: «Du wirst dich wohl fragen, wie du sie beschützt?»

Sie drehte sich zum Jungen hin und legte ihre Hand auf seine Schulter.

Der gute Junge

«Ich bin nicht reich wie eine Fabrikantenfrau oder bekannt wie eine Opernsängerin, aber ich war mein Leben lang gesund wie niemand sonst, den ich je getroffen habe. Zu verdanken habe ich das den fünf Heilgaben der Natur.»

Sie schloss ihre freie Hand zur Faust und ihre Finger schnellten im Takt der Wörter nach oben, als wären sie Gesetz. Sie sagte:

«Erstens, frische Luft. Zweitens, klares Wasser. Drittens, gesundes Essen. Viertens, Bewegung und fünftens, ausgiebiges Rasten.»

Der Junge blinzelte fröhlich.

«Gesundheit ist unser wichtigstes Gut», wiederholte er und richtete den Blick zum Fenster. Die Weberin spürte, dass ihr Beitrag zu des Jungen Reise nun vollendet war. Sie musste ihn gehen lassen, auch wenn sie die Einsamkeit fürchtete. Gesundheit allein würde nämlich nicht reichen, um die Pläne des Magnaten zu durchkreuzen. Etwas schritt unaufhörlich voran. Etwas, über das so ein kleiner Mensch Bescheid wissen musste. So schickte ihn die Weberin weiter, einem vagen Gedanken folgend, geradewegs hin zum Ursprung der Zeit.

KAPITEL 4

Das zweite Gut

Ich fühlte die Schwere auf den Schultern des Jungen. Nicht etwa, weil darauf der Wanderstock mit dem Jutesack ruhte, sondern weil ihn die Stadt fast zu erdrücken drohte. Noch am frühen Morgen hatte er der Weberin Lebewohl gesagt und die singenden Täubchen hinter sich gelassen. Er wanderte die gepflasterte Straße entlang. Im Kopf die Wegbeschreibung zu seiner nächsten Station. Dort, wo weitere Lektionen auf ihn warten würden.

Er hielt Ausschau nach den einzelnen Wegpunkten. Hier der Wendeplatz und zugleich Haltestation der Fuhrwerke. Dort die prächtige Paradestraße mit dem Triumphbogen. Ein Stück weiter schließlich der Beginn des Bürgerviertels und ein Turm der alten

Der gute Junge

Stadtmauer. Er war geradzu winzig gegen das, was weiter im Inneren der Stadt aus dem Boden ragte – Paläste aus Eisen und Glas, dicht aneinander gepflanzt wie Spargel. Das aus tausend Sonnen reflektierende Lichtspektakel zog den Jungen magisch an. Ehe ich ihm noch zurufen konnte, bog er falsch ab. Es gab einfach zu viele Ablenkungen. Nicht nur, dass es an allen Ecken dröhnte und hämmerte, als würde die Welt untergehen, nein, man hatte nicht einmal die Gelegenheit, über die vielen Gerüche nachzudenken. Kaum war die Nase am Prüfen, was denn da so süß gerochen hatte, fuhr man keine zwei Schritte später zusammen und blickte nur verwundert auf einen offenen Kanaldeckel. Der Verkehr wurde immer dichter und bald schwemmte es den Jungen in einem Heerwurm von Menschen mit. Es wurde gestoßen und geschubst, gejault und geschimpft. So geschah es, dass ein unachtsamer Kerl den Jungen anrempelte und dieser auf den Boden stürzte.

«Pass doch auf, du Bengel», zischte der Grobian, gefolgt von einem «Aus dem Weg, du Lausbub – zur Seite!».

Hart schlug der Jutesack auf das Pflaster auf. Die durchgeschüttelten Enden öffneten sich und gaben den wertvollen Inhalt der Schutzlosigkeit preis. Ein halbes Dutzend Äpfel rollte kreuz und quer zwischen die Beine der Passanten. Schon wollte der Junge nach einem davon greifen, als ihn ein Stiefel zu Mus zerstampfte. Nach wenigen Sekunden war das Schauspiel vorüber, der Proviant ruiniert und das von der Weberin geschenkte Leinengewand zerrissen. Es war aussichtslos, etwas zu retten, was nicht mehr zu retten war. Und schlimmer noch, es erschallte plötzlich ein Quaken, das alles ringsum übertönte.

Ich rief ihm zu: «Halte die Hände vor den Kopf und zwänge dich zur Seite durch! Schnell, bevor sie dich in den Boden stampfen!»

Mit einem Satz sprang das Kind nach vorn, prallte gegen einen Mann und schob sich mit aller Kraft an ihm vorbei. Er stieß mit Taschen, Körben, Regenschirmen und allerhand anderem Zeug zusammen, das die Erwachsenen bei sich trugen. Noch einmal fiel er auf die Knie, presste sich auf und drängte sich zwischen zwei Körpern ins Freie. Dort am Rande einer Gasse kam er zur Ruhe. Seine Lippen zitterten noch vor Schreck, als er verfolgte, wie sein Hab und Gut mit der Masse hinfortgespült wurde.

«Meine Sachen», seufzte er. «Meine schönen Sachen.»

Eine dicke Träne fiel auf das Pflaster. Dann klopfte er sich ab. Zuerst den Kopf, dann die Schultern und am Ende die Beine. Manche Stellen ließen die Entstehung eines blauen Fleckes erahnen, die Knochen aber waren heil. So setzte er seinen Weg fort und hielt Ausschau nach einer Kuckucksuhr, die den Eingang zum Ursprung der Zeit markieren würde. Er kam an allerhand Geschäften vorbei. Ein Zuckerbäcker ließ ihn kurz verharren. Ganz vorne in der Auslage lagen bunte Pralinen. Dem Jungen lief das Wasser im Mund zusammen, und er drückte die Nase gegen das Fenster. Es dauerte nicht lange und ein Herr streckte den Kopf hinaus.

Der gute Junge

«Hey, du! Streuner haben hier nichts zu suchen. Du verscheuchst mir die Kunden. Hinfort! Rasch!»

Der Junge erschrak abermals und flüchtete die Gasse entlang. Begleitet von boshaften Sprüchen der umherstehenden Bürger. Wieder rollten dicke Tränen über seine Wangen. Herz und Lunge pumpten in wilden Stößen. Schon bog er in die nächste Gasse ein und wurde von einem Wachhund angefletscht. Mehr stolpernd als laufend erreichte er ein Blumenbeet, übersprang es und ließ sich dahinter auf das Gras fallen. Zusammengerollt wie ein Igel heulte der Junge, wie ich noch nie zuvor ein Kind heulen gesehen hatte. Mein Rat war erschöpft. Wie gerne hätte ich ihn in den Arm genommen, aber ich konnte nicht. Ich starrte noch viele Minuten auf das trostlose Bündel und rief dabei alle meine Gefährten an, dass sie uns doch helfen mögen. Zuerst die Hoffnung, aber sie blieb stumm. Dann die Liebe, aber sie blieb verschlossen. Zu guter Letzt das Glück.

Schenke uns doch ein Quäntchen von dir in dieser bösen Stunde, flehte ich und blickte zum Himmel.

Die grauen Wolken standen tief. Sie schienen sich ineinander zu schieben. Es sah nach Regen aus. Gleich würde ein Gewitter auf die Stadt niedergehen. Und doch öffnete sich plötzlich ein ganz kleiner Spalt in der Wolkendecke. Gerade groß genug, um einen schmalen Sonnenstrahl hindurchzulassen. Das Quäntchen Glück begann seine Reise und landete genau dort, wo der Junge kauerte. Ein heller Lichtkegel umschlang ihn. Sein Schluchzen wurde leiser, und da vernahm ich es:

«Kuck-kuck ... Kuck-kuck.»

Ich fuhr herum. War da nicht etwas? Und noch mal: «Kuck-kuck ... Kuck-kuck.»

Aber ja! Die Kuckucksuhr. Der Ursprung der ...

«Zeit! Junge, lass uns keine Zeit verlieren», rief ich. «Das Ziel, es muss hier ganz in der Nähe sein.»

«Komm doch. Auf! Auf!»

Wir eilten dem rettenden Vogelgesang entgegen. Sausten von Gasse zu Gasse und bogen dorthin ab, wo das Geräusch stärker zu werden schien. Ehe ich mich versah, standen wir vor der mannshohen Maschine. Der blecherne Vogel hatte eben erst seinen letzten Schrei getan und fuhr zurück in sein Häuschen. Es war fünf nach zwölf. Nicht nur nach der Zeit gemessen, sondern auch nach den schlotternden Beinen des Jungen. Ich sagte: «Sieh doch über der Tür, das verrostete Schild: *Zum Ursprung der Zeit*. Zögere nicht. Klopf an. Es tröpfelt schon, und wir wollen bestimmt nicht nass werden.»

Ich musste den Jungen nicht zwingen. Er verstand und begehrte auf die gleiche Art Einlass, wie er es bei der Weberin getan hatte. Nicht lange und ein alter, hagerer Mann mit weißem Kittel und einer Lupenbrille auf der Nase öffnete uns.

«Wer schickt dich? Die Weberin?»

Der Mann drückte seine beiden Fäuste gegen die Lende und bog sich wie ein Hufeisen nach hinten. Kurz knackten die eingerosteten Knochen, bevor er sich wieder nach vorne richtete.

«Ich habe schon lange nichts mehr von der alten Dame gehört, aber du magst natürlich eintreten», sagte er mit einer Stimme, die so gar nicht zu einem alten

Der gute Junge

Mann passte. «Und wenn du schon da bist, kannst du mir gleich bei einer Sache helfen. Mein Rücken lässt mich nämlich im Stich. Wieder einmal.»

Der Junge folgte der Einladung nur zu gern und betrat zum zweiten Mal in seinem Leben ein fremdes Haus. Und was für ein seltsames Haus das war. Wände, Böden, Kommoden und Tische, einfach alles war mit Uhren bedeckt oder behangen. Man wusste kaum, wohin man als Erstes blicken sollte. So geschah es, dass der Junge über einen am Boden stehenden Zeitkasten stolperte und gegen das Hinterteil des Alten prallte.

«Aber Vorsicht», sagte er. «Ich weiß, mein Haus schreit danach, aufgeräumt zu werden, wäre da nicht mein Meisterstück, welches ungleich lauter seine Fertigstellung fordert.»

Ein Schmunzeln auf den Lippen des Mannes verriet mir, dass es sich bei seinem Meisterstück wohl weniger um eine handwerkliche Bürde handelte, sondern mehr um eine störrische Geliebte. Um die Neugierde des Jungen zu mildern, verwandelte er den Gang zur Werkstatt in eine historische Führung durch die Geschichte der Zeitmessung. So wurde uns erklärt, was genau der Unterschied zwischen einer Dielenuhr und einer Stockuhr war, warum die Wanduhr einen Federzug benötigte und welche Funktion eine Unruh hatte. Es waren seltsame Wörter, die den Mund des Mannes verließen. Schwer zu fassen und schwer zu verstehen, doch unheimlich wichtig, um sich im Gewirr der Zahnräder, Federn, Schrauben und Zapfen eines Uhrwerks zurechtzufinden.

«Du siehst, ich bin Uhrmacher», sagte er. Dann öffnete er die Tür zur Werkstatt.

Dahinter tat sich eine gewölbte Halle auf, mit langen Fenstern auf beiden Seiten. Gegen sie prasselte der gerade niedergehende Sommerregen. Es roch nach Öl, Leim und Metallspänen. Fast ein Dutzend Lampen erhellten das weiße Gewölbe und warfen ihr Licht auf den Boden zurück. Dort, wo Arbeitsplatte und Drehbank aufgestellt waren. Stirnseitig hingen der Größe nach Schraubendreher, Feilen, Bohrer, Zirkel und so manch andere Werkzeuge, deren korrekte Bezeichnungen wohl nur der Uhrmacher kannte. Unter der Arbeitsplatte sowie links der Drehbank entlang reihte sich ein Schrank neben den anderen.

«Dort verstaue ich alles», erklärte er. «Die Uhrengehäuse genauso wie die nur ameisengroßen Zahnräder.»

«Und da in der Ecke? Unter dem Leintuch?», fragte der Junge. «Was ist dort?»

«Ach ja, die wichtigste Sache hätte ich fast vergessen», antwortete der Uhrmacher.

Zum Regen gesellte sich Donner. Es blitzte und krachte. Das Zentrum des Gewitters war jetzt über der Stadt angekommen. Keine Seele war mehr auf den Straßen unterwegs. Das Wasser hatte die Herrschaft über den versiegelten Boden übernommen. Vormals kleine, der Gehsteigkante entlanglaufende Rinnsale waren zu Bächen angeschwollen. Sie spülten den Schmutz eines ganzen Monats hinfort. Der Junge merkte davon nichts. Seine Augen klebten am abgedeckten Kasten. Eine Uhr kann es nicht sein, dachte er. So große Uhren gab es nicht. In der Mitte des Leintuchs war ein Strick befestigt. Er spannte sich bis zur Decke, wo ihn ein Rad schräg zu Boden lenkte. An diesem Strick zog der Uhrmacher nun, und das Tuch kroch langsam den Rahmen hoch, wobei sich Millionen von Staubkörnern lösten, die man rieseln gehört hätte, wäre da nicht der Donner gewesen. Der Junge nieste.

Als er aufsah, blickte er auf das sonderbarste Ding, das er je gesehen hatte.

«Das ist sie», sagte der Uhrmacher. «Die Königin aller Uhren.»

Also doch, dachte der Junge.

«Eine Turmuhr. So nennt man sie. Mein halbes Leben arbeite ich bereits daran.»

Das Gesicht des Mannes veränderte sich. Er erzählte vom Ursprung der Zeit. Als die Menschen begannen, die Zeit zu messen, weil, so war es der alte Glaube aller Uhrmachermeister dieses Landes, etwas nur dann wirklich da ist, wenn man es messen kann. Er erzählte von den ersten Versuchen der Menschen, das Sonnenlicht einzufangen. Versuche, die Sterne und den Mond zu deuten. Viel später fingen sie an, die Schwerkraft zu nutzen und die Zeit aus den zu Boden fallenden Sandkörnern oder Wassertropfen zu lesen. Dann grub jemand Erz aus tiefer Erde, brachte es zum Glühen und formte es nach seinen Vorstellungen. Das Eisen war geboren und damit unendlich viele Möglichkeiten, eine Uhr zu bauen. So viele Male, erzählte er weiter, habe er sein Werk zerlegt, nur um es auf eine andere Art neu zusammenzusetzen. Hundertfach, ja tausendfach hatte er Zahnräder, Federn, Stifte, Bolzen und Rollen ausgetauscht. So lange, bis er selbst nicht mehr wusste, was er schon ausprobiert hatte und was nicht.

«Sie nennen mich einen Besessenen», sagte der Uhrmacher. «Sollen sie doch. Sie alle haben es versucht. Sie alle sind gescheitert.»

Die hagere Gestalt blickte hoch. Sprach er noch zu dem Jungen oder, so wie sonst immer, nur zu sich selbst? Der Junge fühlte, dass der Uhrmacher plötzlich irritiert war, und fragte: «Was haben denn all die anderen versucht?» Und nach einer kurzen Pause fügte er hinzu: «An was sind sie denn gescheitert?»

«Das will ich dir sagen, Kind», sagte der Mann und starrte wieder auf die Maschine. «Sie haben das versucht, was auch ich will ... mehr als alles andere, seit ich das erste Mal einen Zeiger in Bewegung versetzt habe ... Nun ...» Und es schallte fort wie der Donner: «Ich baue das eleganteste, präziseste, robusteste, ja das schönste Uhrwerk, das man sich vorstellen kann. Und ich baue es so, dass es im höchsten Turm der Stadt Platz finden kann und weithin zu sehen ist. Ich baue es für die Ewigkeit, so wie alles Große, was der Mensch je geschaffen hat, stets für die Ewigkeit gedacht war.»

Das Donnern hatte aufgehört. Der Regen begann nachzulassen. Der Junge stand einfach nur verdutzt da. Der Uhrmacher hingegen wirkte plötzlich so friedlich. Er streichelte den Rahmen seiner Maschine, griff von oben nach dem Ankerrad und drehte es, bis es Klick machte. Dann drückte er den Anker nach unten

Der gute Junge

und hob das Kronrad an. Klick. Für mich sah der Uhrmacher tatsächlich aus wie ein Besessener. Ehe ich noch einen weiteren Gedanken fassen konnte, begann sich im Herzen des Uhrwerks etwas zu drehen. Kaum zu merken in dem Gewirr der Räder und Federn, aber die Bewegung schien auf die anderen Teile überzugreifen.

«Sieh gut hin», sagte der Besessene.

«Auf was?», fragte der Junge.

Ein Klicken und Klacken, ein Ticken und Tacken. Wie von Geisterhand erwachte die ganze Maschine zum Leben. Zahnräder, klein und groß, griffen so geschmeidig ineinander, dass man meinte, sie wären aus einem Guss. Schraubenfedern, Spiralfedern und Zugfedern dehnten und stauchten sich auf spielerische Art und Weise. Ein Pendel an der Rückseite des Kastens strich gemächlich durch die Luft. Die daran befestigte Welle setzte den Sekundenzeiger in Bewegung. Der Junge rieb sich die Augen. Er stand vor einem ...

«Meisterwerk», sprach der Uhrmacher. «Das werden die Menschen sagen.»

Er verschob einen kleinen Riegel.

«Genie werden sie mich nennen und sofort vergessen, wie sie mich früher genannt haben.»

Der Junge verstand nicht, was vor sich ging. Ich genauso wenig.

«Du kannst wohl die Stirn runzeln, Kind, aber du bist eben Zeuge geworden, dass ich mein Lebenswerk schon fast vollendet habe. Es ist eleganter, präziser, robuster, und prachtvoller geworden, als ich es mir je erhofft habe.»

Dann drückte er den Anker nach unten und brachte das ganze Werk zum Stillstand.

«Es bleiben aber noch ein paar Dinge zu tun», sagte er. «Arbeit für einen gesunden Rücken.»

Die Wolken beherrschten den Himmel auch noch während der nächsten Tage. Dazu blies ein kalter Ostwind, so wie er nur im Herbst auftritt. Für uns Grund genug, das Haus zu hüten. Die Gastfreundschaft des Uhrmachers tat ihr Übriges. Ein gedeckter Tisch, ein Bett im Hinterzimmer der Werkstatt, die Gewissheit, an etwas Großem teilhaben zu können – der Junge fühlte sich über alle Maßen wohl und war froh. So wie der Uhrmacher. Erstens hatte er Gesellschaft. Zweitens, und das war ihm fast wichtiger, konnte er nun die letzten Arbeiten an seiner Turmuhr ausführen. Er wusste mit geschlossenen Augen, welches Teil wo befestigt war. Die Kraftverteilung, die Übergänge, die einzelnen Widerstände, er hatte alles so oft berechnet, dass er die Zahlen auswendig aufsagen konnte. Es gab nicht den geringsten Zweifel. Die Konstruktion war perfekt. Sein ganzes Herzblut war in die Maschine geflossen. Solange es seine Kraft zugelassen hatte. Jetzt war sein Rücken krumm, seine Hände zittrig und sein Augenlicht schwach. Und doch wäre er nicht ein so meisterhafter Uhrmacher gewesen, wenn er nicht auch für diese Probleme eine Lösung gehabt hätte. Für die Augen eine Lupenbrille. Für die Hände straffe Lederriemen, um sie still zu halten. Für den Rücken die Hilfe des Jungen.

«Er muss an die richtige Stelle.»

«Hier?»

«Nein, weiter nach links.»

«Hier?»

«Ja genau, dort setze ihn an.»

Der Junge hatte schnell gelernt, mit dem Ölgeber umzugehen. Die Anweisung war klar. Er durfte nur einen Öltropfen auf den Lagerspalt platzieren. Nicht mehr, aber auch nicht weniger. Das würde genügen, um das Lager auf Jahrzehnte geschmiert zu halten. Einmal auf dem Rücken, einmal auf dem Bauch, so kroch er kreuz und quer durch das Uhrwerk. Dorthin, wo ihn die Worte des Uhrmachers dirigierten. Dann waren die Schrauben dran. Wehe, wenn noch eine locker gewesen wäre. Die Zahnräder durften in ihrer Bewegung nicht gestört werden.

«Noch eine Umdrehung?»

«Nur eine halbe! Ganz sanft, Kind.»

«Sie lässt sich nicht mehr weiterdrehen.»

«Gut. Links darüber, siehst du sie?»

«Ja.»

«Dort mache weiter.»

Die beiden arbeiteten bis in die späte Nacht hinein. Auch den folgenden Tag und den Morgen danach. Nur einmal wurden sie unterbrochen. Von einer Dame, die in die Werkstatt kam, um ihr Interesse an einer Standuhr zu bekunden. Ansonsten blieb es ruhig. Das gab dem Jungen die Gelegenheit zu fragen, was mit der Turmuhr geschehen sollte. Der Uhrmacher meinte daraufhin, dass es für sie nur einen würdigen Ort gab. Er erzählte von der Kathedrale, dem gigantischen Bauwerk aus Stein und Marmor im Zentrum der Stadt.

Seit Jahren sei man dabei, das bröckelnde Gebäude in neuem Glanz erstrahlen zu lassen. Unsummen von Spendengeldern habe es bislang verschlungen. Und war ein Ende in Sicht? Weit gefehlt. Die Ansprüche des hiesigen Kardinals waren so unendlich wie sein Eifer nach einem Platz bei Gott. Nur die schönsten und besten Dinge sollten in seinem Gotteshaus Platz finden, dessen Wände schmücken und den zukünftigen Besuchern irdische Ehrfurcht einflößen. Und er verstand es geschickt, noch den letzten Taler aus der Schar seiner Schäfchen herauszupressen. Sogar beim Uhrmacher hatte er es einmal versucht. Das seltsame Unterfangen, eine neuartige Uhr zu bauen, war bis an die Kirchenmauern gedrungen. Eine Konstruktion, die mit dem Turm der Kathedrale geradezu verschmelzen würde.

«Da hat dieser Verrückte doch allen Ernstes gemeint, ich solle mein Meisterwerk der Kirche spenden», sagte der Uhrmacher. «Als Ablass für meine Sünden.»

An seiner zuckenden Oberlippe erkannte ich, dass sich der alte Mann in Beherrschung übte.

«Nun, ich bin nicht das gläubigste Engelein unter dem Himmel, und ich war nicht immer fromm. Ich weiß, mein Meisterwerk kann nur am höchsten Punkt der Kathedrale seinen Platz finden, aber ich will noch in diesem Leben in den Ruhestand gehen. Dazu brauche ich wenigstens ein angemessenes Honorar für mein Werk. Ein solches schlug mir der Kardinal verächtlich aus.»

Der gute Junge

Der Uhrmacher stand lange da, ohne ein Wort zu sagen. Die Hände schlaff nach unten baumelnd. Den Blick gedankenfern zum Fenster gerichtet. Für dieses Problem gab es kein Werkzeug. Hier würde keine Feile, kein Ölgeber, kein Zirkel oder sonst etwas helfen. Dann wird sie halt in meiner Werkstatt verstauben, dachte er grimmig. Und ich mit ihr, wenn es denn sein muss.

«Aber es muss doch einen anderen Weg geben», sagte der Junge.

«Ich weiß es nicht», hörte man die hagere Gestalt murmeln, «ich weiß es wirklich nicht.»

Der alte Mann dachte nicht ans Scheitern. Er hatte Hoffnung, also wich er der Bemerkung des Jungen aus und fragte nach dessen Schicksal. Was er hörte, brachte unschöne Erinnerungen hervor. Erinnerungen die er längst verdrängt hatte. Der Magnat treibt wieder sein Unwesen, dachte er. Er hat ein neues Opfer gefunden. Wenn dem so ist, dann sind die Bauersleute im Tal verloren. Dann ist der Junge verloren. Denn so gierig das kugelrunde Gesicht unter dem viel zu kleinen Zylinder ist, so gerissen und geschäftstüchtig ist es auch.

Der alte Mann erinnerte sich an eine Zeit zurück, in der noch viele Dutzend Uhrmacher das Viertel säumten. Damals war er noch im besten Alter, hatte keinen krummen Rücken und brauchte keine Lederriemen, um seine Hände stillzuhalten. Dann kam die Zeit der großen Fabriken. Sie schossen überall aus dem Boden und bescherten ihren Besitzern große Reichtümer. So auch dem Magnaten. Er errichtete eine Fabrik für Feinmechanik und fegte damit viele

Manufakturen hinweg. Nur wenige konnten sich fortan über Wasser halten, indem sie entweder alte Uhren reparierten oder exklusive Modelle für einen betuchten, aber sehr beschränkten Kundenstamm entwarfen. Dem Magnaten war dies nicht genug. Wenig später wandte er sich der Wolle zu. Er zerstörte die unzähligen Webstuben auf dieselbe Art und Weise. Zurück blieben verlassene Häuser und brachliegende Wiesen, die sogleich neuen Wolkenkratzern oder rauchenden Fabrikschloten weichen mussten. Alles, was der Magnat fortan ins Auge fasste, war von Erfolg gekrönt. Je mehr die Menschen unter seinen Geschäften litten, desto höher war am Ende sein Profit. Ein Profit, der zusehends in den Hintergrund rückte, um den Weg für das freizumachen, was der eigentliche Antrieb des Böslings war – die Gier.

«Um das Glück zu finden und es heimzubringen, muss ich zuallererst meine Gesundheit beschützen», sagte der Junge. «Und die Weberin meinte, es gäbe noch andere Güter, die ich brauchen werde.»

«Andere Güter?», fragte der Uhrmacher. Er hatte aufgehört zu arbeiten und räusperte sich. Ihm steckte ein Kloß im Hals.

«Ich habe einen ständigen Begleiter», sagte der Junge dann. «Er hilft mir, die Kröte fernzuhalten.»

Der Mann räusperte sich ein zweites Mal. Was wird aus dem Jungen werden, dachte er. Sein Weg ist eine Sackgasse. So oder so.

«... zum Teufel damit», sagte er nach einer Pause.

Der Junge verschränkte die Arme und sah auf.

Der Uhrmacher fixierte seine entschlossenen Augen. Wann hat Mitleid jemals irgendjemandem geholfen, dachte er. Das Einzige, was es macht, ist, das Leid auf dieser Welt zu vermehren. Er murmelte: «Warte hier, ich muss nachdenken.» Dann drehte er sich um und verschwand. Als er wiederkam, hatte er einen Zettel in der Hand. Er streifte die Schürze ab und breitete sie auf dem Boden aus. Dann bat er den Jungen, sich zu setzen.

«Die Weberin hat dich nicht ohne Grund zu mir geschickt», sagte er. «Ich will dir daher die Essenz des zweiten Gutes mitgeben, das wir besitzen.»

Er faltete den Zettel auf und las:

«Die Zeit. Sie nimmt den Schmerz, sie nimmt die Not. Sie verweilt in der Liebe, sie schenkt den Tod.»

Der Junge schwieg.

«Hör gut zu, Kind», sagte der Uhrmacher. «In diesen Worten steckt so viel mehr, als man ahnt.»

Er kam auf die Not im Tal zu sprechen. Auf die Mühen und Gefahren, die eine jede Reise begleiten.

«Heimweh, aufgeschlagene Knie, Schrammen und die schlimmste Not, die man sich vorstellen kann – alles vergeht und wird auch in Zukunft vorübergehen. Dafür sorgt die Zeit. Man muss sie einfach ihre Arbeit tun lassen», erklärte der Uhrmacher. «Und dann ist da die Liebe», sprach er weiter. «Die Zeit um uns herum scheint zu rasen – und sie tut es ja tatsächlich ...» Er hielt kurz inne, weil er an seine verstorbene Frau denken musste. Dann fuhr er fort: «Verbringst du sie aber mit einem Menschen, den du liebst, wirst du spüren, wie der Stundenschlag sich verlangsamt.»

Der Wind ebbte ab. Die ersten Strahlen brachen durch die Wolken. Sie fluteten auf den Boden und spiegelten sich im polierten Glanz der Turmuhr. Der Uhrmacher lächelte.

«Jede Phase des Lebens hat ihren Zweck», sagte er. «Die Zeit heilt und lässt uns schlechte Dinge vergessen. Die Zeit verweilt aber auch im Guten, im Glück, in der Liebe. Und damit wir uns dessen gewahr bleiben, bringt die Zeit für jeden von uns den Tod herbei. Unsere Sterblichkeit ist nämlich neben dem Leben das größte Geschenk. Sie erinnert uns daran, dass wir unsere Zeit weise nutzen müssen und nicht verschwenden dürfen.»

Der Uhrmacher faltete den Zettel zusammen. Er spürte die Sonne im Nacken und räkelte sich.

«Ich werde die Zeit im Auge behalten», sagte der Junge.

«Das musst du.»

«Ich werde sorgsam mit ihr umgehen.»

«Das wirst du.»

Der Uhrmacher drückte die Botschaft in die offene Hand seines Gastes und schloss diese. Er zwinkerte.

«Wenn ich nur lesen könnte …», sagte der Junge leise. «Wo ich herkomme, da …»

Der Uhrmacher unterbrach ihn mit einer Bewegung seiner Hand, stand auf und klopfte sich den Staub von der Hose. Dann drückte er seine beiden Fäuste gegen die Lenden und bog sich wie ein Hufeisen nach hinten. Die eingerosteten Knochen knackten und knarrten. Er fasste den Jungen beim Arm und zog ihn hoch.

Der gute Junge

«Du weißt nicht, wie man liest oder gar schreibt?»
Der Junge schüttelte den Kopf.
«Dann ist es an der Zeit, dich zu deiner nächsten Station aufzumachen.»
«Zu meiner nächsten Station?», fragte der Junge laut.
«Ja», antworte der Uhrmacher. «Höchste Zeit sogar!»
«Ich werde dich nämlich dorthin schicken, wo das Wissen wohnt.

KAPITEL 5

Der kleine Bruder des Mutes

Wenige Tage nach dem Besuch des Magnaten traf eine schwer bepackte Wagenkolonne im Tal ein. Sie schlug ihr Lager auf einem Stück Land auf, das der Geschäftsmann noch während seines Aufenthaltes von einem alleinstehenden Bauern erworben hatte. Der Bauer war zermürbt von der jahrelangen Feldarbeit und wünschte sich nichts sehnlicher als einen ruhigen Lebensabend. Der Handel war rasch abgewickelt. Mehr als fünfzig Goldtaler bekam er in die Hand gedrückt, eine Summe, die sich schnell im Tal herumsprach. Blind vom Glanz des schnellen Geldes machte sich der alte Bauer am selben Tage aus dem Staub und ward nie mehr wiedergesehen.

Der gute Junge

Die Fremden und ihr reges Treiben wurden von den Nachbarn mit Argwohn beobachtet. Sie hatten Ochsen, Zelte, Proviant und Leiterwagen voller Baumaterialien mitgebracht. Gehobelte Bretter, Latten, Kanthölzer, Balken, Fensterglas, Eisenwaren, Kalk, Teer und Werkzeuge aller Art. Sogleich machten sie sich ans Werk. Zuerst rissen sie die alte Stube und den Stall nieder, planierten den Garten und fällten die dicht am Haus gepflanzten Obstbäume. Dann hoben sie eine Grube aus, mischten Lehm mit Kalk und begannen, Ziegel zu brennen. Als Nächstes wurde in der Grube ein Gewölbe hochgezogen, mit Eingängen auf beiden Seiten. Über dem Gewölbe wurde Kies aufgeschüttet, und darauf wiederum legten die Fremden dicke Eichenbohlen. Das Gebäude wuchs und wuchs. Die Talbewohner rätselten, was der Zweck des seltsamen Bauwerks sei, eine sichere Antwort konnte aber niemand geben.

«Schick den Vierspänner in die Stadt zurück», sagte der Aufseher zum Zimmerer. «Wir haben fast keine Bretter mehr.»

Der Blick der beiden Männer war auf eine Karte gerichtet. Hinter ihnen ging das Treiben der Arbeiter ohne Unterbrechung weiter.

«Hier kommt die Windmühle hin.» Der Aufseher fuhr mit dem Finger zur besagten Stelle.

«Die Baracken für die Männer ziehen wir dort hoch.»

«Und woher nehmen wir das Wasser?», fragte der Zimmerer.

«Der Brunnenbauer soll eben noch ein Loch in die Erde treiben, und wenn er den Bauern die Quelle abgraben muss. Hauptsache, der Zeitplan hält.»

Der Aufseher war es gewohnt, nicht lange zu fackeln. Seine Aufgabe war es, einen Handelsposten samt Lager-, Wohn- und Betriebsgebäuden aus dem Boden zu stampfen. Hier würden später die Waren aus dem Tal zusammenkommen, um gewogen, abgepackt und an die Händler in der Stadt geliefert zu werden.

«Sag den Männern, ich spendiere ein Fass Rum, wenn der Dachstuhl bis morgen steht.»

Der Zimmerer zog die Augenbrauen hoch. Ob das zu schaffen ist, dachte er.

«Dir selbst winkt ein Silbertaler», sagte der Aufseher.

«Sehr wohl, Chef. Auf meine Mannschaft ist Verlass», sprach der Überzeugte, klatschte in die Hände und eilte davon.

Da kam plötzlich ein Wind auf. Aus dem Süden, direkt von den Bergen her. So wie der Luftstrom die steilen Hänge herunterfiel, drückte er die Wolken auf die Ebene hinaus. Bald waren sie verschwunden und ein sattes Blau bot sich den Bewohnern des verschlafenen Tales. In aller Regel war das ein Vorzeichen für milde Temperaturen und Trockenheit. Etwas, was den Fremden bei der Arbeit helfen würde. Der Magnat konnte zufrieden sein. Alles lief nach Plan.

Von alledem ahnten wir nichts. Wir, die im städtischen Irrgarten nach dem nächsten Ziel suchten. Jeder Schritt führte uns tiefer in die Stadt hinein. Eine Gasse glich der anderen. Der Uhrmacher hatte den

Jungen angehalten, nur der Sonne zu folgen. Nach 5.000 Schritten werde er einen Marktplatz erreichen. Gleich dahinter sei das Ziel. Ströme von Menschen begegneten uns. Genauso wie bei der Ankunft in der Stadt vor einer Woche. Es waren ihrer vier Arten. Zuerst gab es die Bürger. Männer und Frauen, leicht zu erkennen an ihren Gewändern und ihrem Gang. Sie hatten keine Hast, sondern schlenderten die Gassen entlang. Der Sinn ihres Tages bestand in dem Erwerb von materiellen Besitztümern, und wenn die Lust darauf für den Moment gestillt war, in geistiger Zerstreuung. Doch so glanzvoll ihr Äußeres auch erstrahlte und so frei ihr Leben erschien, so gefühlskalt und lethargisch wirkten ihre Mienen. Die Lust, die sie nach allen Mitteln und zu jeder Tageszeit zu stillen im Stande waren, blieb am Ende doch inhaltsleer und glücklos.

Die zweite Gruppe waren die Angestellten. Sie schienen alle denselben Schneider zu haben, so sehr ähnelte sich ihre Aufmachung. Dunkle Stoffhose, graues Hemd, schwarze Lodenweste und auf dem Kopf einen Filzhut. Zu unterscheiden waren sie nur anhand ihrer Gestalt. Manche waren dünn und lang, andere wiederum dick und kurz. Die einen trugen ihre Aktentasche in der linken Hand, die anderen in der rechten. Sie kamen aus den Randvierteln und kannten kein Schlendern. Jede Faser ihres Körpers stand unter Strom. Schließlich hatten sie wichtige Aufgaben zu erledigen, nämlich, dafür zu sorgen, dass die Bürger weiterhin in ihrem Reichtum schwelgen konnten. Wenn alles gut ging, so die Hoffnung der Angestellten, würden sie irgendwann auch zur Oberschicht gehören, um sich alsdann den vielen inhaltsleeren Dingen hinzugeben und sich zu langweilen bis ans Ende ihrer Tage.

Die mit Abstand zahlreichste, dritte Gruppe begegnete uns in Form der Arbeiter, Diener, Mägde, Kutscher und all jener, die die Stadt am Leben erhielten.

Einer rief: «Achtung, Pferdeäpfel!»

Der Junge sprang gerade noch zur Seite.

«Danke», sagte er.

«Gerne», entgegnete ihm der Straßenkehrer lächelnd, bevor er seinen Besen zum Unrat hin schwang. Ihm folgten die abschätzigen Augen einer am Ladenfenster stehenden Dame. Sie trug einen funkelnden Rubin am Finger und Goldschmuck um den Hals.

«Oje, Verzeihung», seufzte eine Dienstmagd, nachdem sie den Jungen mit ihrem Weidenkorb gestreift hatte.

Noch ehe er zu Wort kommen konnte, ertönte ein bellendes «Wo bleiben Sie, Fräulein?».

Ein Stück abseits stand der Dienstherr mit erhobenem Zeigefinger. Eilig rannte die Magd in dessen Richtung, ohne sich nach dem Jungen umzusehen. Ich schüttelte ob der schlechten Manieren dieser ‚feinen' Leute den Kopf. Die Menschen der dritten Gruppe wurden offenbar nur geduldet, solange sie einen Zweck erfüllten. Wir ließen das Schauspiel Schauspiel sein und gingen weiter. Fast hätten wir in all dem Treiben die letzte Art von Stadtbewohnern übersehen. Die Bettler, Rumtreiber und Krüppel. Die Gebrochenen,

Der gute Junge

Zerbrochenen und Verschmähten. All jene, die von der dritten Gruppe bemitleidet, von den Angestellten verachtet und von den Bürgern ignoriert wurden. Es war ein kümmerliches Dasein, das diese Gestalten fristeten. Manch einer kauerte in dunkler Ecke, barfuß und in Lumpen gehüllt. Die Hände flehend nach einer milden Gabe aufgespreizt. Sie blieben leer, so wie die Herzen der vorbeihuschenden Passanten. Am Rande einer Gasse stellten zwei Ausreißer gerade einen Schuhputzkasten auf. Ein Mädchen und ein Junge. Ihrem Aussehen nach Geschwister. Ihre Kleider hatten seit Ewigkeiten keine Seife gesehen. Genauso wie ihre zotteligen Haare und rußgeschwärzten Wangen.

«Schuheputzen, Schuheputzen», riefen sie.

«Schuheputzen, für einen Pfennig.»

Das Paar hatte kaum damit begonnen, auf sich aufmerksam zu machen, als ein Gendarm heranstürmte. In der rechten Hand einen Prügel, in der linken eine Trillerpfeife, sah er aus, als würde er gleich die Rauferei seines Lebens haben.

«Gesindel!», schrie er. «Macht, dass ihr fortkommt oder ich zieh euch die Ohren lang!»

Sofort waren die Geschwister verschwunden. Ein David ohne Schleuder war schließlich kein Gegner für einen Goliath. Der Blick des Gendarmen fiel auf den Jungen. Seine aufgerissenen Augen und zuckenden Lippen machten unmissverständlich klar, in welche Gruppe er ihn einordnete. Die Trillerpfeife und das Geschrei saßen ihm noch im Nacken, als er endlich den Marktplatz erreichte. Im Schutze eines Brunnens machte er Rast. Die Sonne stand jetzt hoch am Himmel. Die Luft flimmerte über den aufgeheizten Pflastersteinen.

«Lass uns hier verschnaufen», sagte ich. Er zeigte keine Reaktion.

Ich dachte zuerst, er hätte seine Schläfen mit Wasser beträufelt. Die Mittagshitze war kaum auszuhalten. Aber ich lag falsch.

«Die Weberin hatte recht», sagte der Junge. «Je näher man der Stadt kommt, desto kälter werden die Herzen.»

Er schluckte und sah mich an. «Ich will nicht hierbleiben.»

In seiner Stimme lag nichts Weinerliches. Sie war nur tiefer als sonst. Etwa jene Tonlage, die man anstimmt, wenn man merkt, dass der Weg vor einem um ein Vielfaches beschwerlicher sein wird als das schon zurückgelegte Stück. Der Blick des Jungen ging zum Himmel hoch und verharrte dort. Seine Gedanken machten sich auf eine weite Reise. Hinaus aus den engen Gassen der Stadt. Vorbei an der Kuckucksuhr und den singenden Täubchen. Hinweg über die weite Ebene, inmitten derer eine einsame Eiche stand, bis hin zu den Ausläufern des Gebirges. Dort, wo die Hügel grün, die Bäche klar und die Luft süß waren. Dort, wo einst das Glück gewohnt hatte. Was sie wohl gerade tun, dachte er. Bestimmt war das Brüderchen wieder in den Schrank gekrabbelt, um sich zu verstecken. Nicht lange und es würde ein lautes Quietschen erschallen. Ein Zeichen für die beiden Schwestern, sich gefälligst auf die Suche zu machen. Nach ihm, dem Meister aller Versteckkünstler.

Der gute Junge

Und obwohl die Schwestern wussten, wo sich der Strolch verbarg, würden sie so lange um den Schrank herumtänzeln, bis das Brüderchen die Spannung kaum mehr ertragen konnte. Erst dann flögen die Türen auf. Erst dann würden ihn die kitzelnden Schwesterhände aus dem Versteck hervorziehen. Die Mutter säße indessen in der Stube, um einen Wollpullover für den Kleinen zu stricken. Auf den Lippen ein Lächeln, so wie es nur liebende Mütter zu zaubern vermögen. Der Vater wäre noch auf dem Feld. Gerade jetzt im Sommer gab es einiges zu tun. Die Ernte stand bald an. Wie immer würde er sich beeilen, um ja bei Anbruch der Nacht zu Hause zu sein. Geborgen in den Armen seiner Frau. Sich an dem Anblick seiner Kinderschar erfreuend, die ihn allzu sehr daran erinnerten, dass er sie war, und, wenn der gute Gott gnädig sein würde, sie zu seinesgleichen heranwachsen würden.

«Ich will nach Hause», sagte der Junge. «Einfach nur nach Hause.»

Wie oft hatte ich dieses Klagelied schon gehört? Das Klagelied des Heimwehs, hinter dem am Ende doch nur die Angst vor der Fremde stand. Tausende von Jahren immer wieder dasselbe. Seit Anbeginn der Menschheit. Ich kannte inzwischen alle Ausreden, jeden Grund, warum man eine Reise gerade jetzt abbrechen sollte. Und es gab so unfassbar viele Menschen, die tatsächlich wieder nach Hause zurückgegangen waren. So viele Menschen, an denen ich schlussendlich gescheitert war.

«Hörst du die Kröte, Junge?», fragte ich. «Du rufst sie selbst herbei.»

Ich bekam keine Antwort.

«Ich will ehrlich zu dir sein», fuhr ich fort. Ich ließ mir Zeit bei dem, was ich als Nächstes zu sagen hatte. Er war schließlich ein kleiner Junge in einer großen Welt. Und der großen Welt bedeutete so ein kleiner Junge nicht viel. Aber mir bedeutete er etwas.

«Wir werden eine ganz lange Zeit nicht nach Hause gehen», sagte ich leise.

Der Blick des Jungen verließ den Himmel und senkte sich wieder auf die Erde. Ich sah in seinen Augen, dass er die menschliche Wärme vermisste. Ihm fehlte Liebe, und am meisten fehlte ihm die Vertrautheit. Hier, wo alles fremd war, so wie dem Fisch die Wüste fremd ist.

«Deine Welt ist im Wandel», sagte ich. «Sie ist jetzt noch der Ozean, in dem du schwimmen gelernt hast. Bald aber wird sie zur Wüste werden. Und was machst du dann, Fisch?»

«Das weiß ich nicht», antwortete der Junge.

«Siehst du, gerade deshalb müssen wir den Ort finden, von dem der Uhrmacher gesprochen hat. Du weißt noch zu wenig über die Güter des Lebens. Du bist noch nicht bereit, um dein Schicksal zu wenden.»

Die Kröte quakte jetzt aus Leibeskräften. Das schaurige Geräusch ging durch Mark und Bein. Schon kam sie um die Ecke gehüpft und hielt auf den noch immer am Boden kauernden Jungen zu. Schleim rann ihr aus dem Maul. Nach jedem Quaken fuhr sie sich mit der klebrigen Zunge über die Schnauze. Als sie nur noch eine Armeslänge vom Jungen entfernt war, stellte

Der gute Junge

sie sich auf die Hinterbeine und blähte ihre gelben Rückenhöcker auf. Sie sahen aus wie Eiterbeulen.

«Die Eiche, das dürre Gras», flüsterte ich dem Jungen ins Ohr. «Mach schon, bewege dich.»

Sein Körper sackte plötzlich noch mehr in sich zusammen. Sein Kopf ruhte nun auf den Knien. Darüber waren die schützenden Hände gelegt. Der Junge presste seine Finger so fest zusammen, dass die Handknöchel ganz weiß wurden.

«Denk an das Tal. Denk an deine Lieben.»

Er bewegte sich kein Stück.

Wieder leckte sich die Kröte über die Schnauze. Dann rollte sie die Zunge aus und tastete mit ihr zum Kopf des Jungen hin. Ich flehte: «Die Eiche, deine Lieben. Mach etwas!» Nur noch wenige Zentimeter trennten die Zunge vom Jungen. Zentimeter, die über sein Schicksal entscheiden würden.

«Der Magnat», schrie ich. «Er wird alles zerstören und vernichten, was dir je lieb gewesen ist.»

«Nein!», schrie der Junge auf einmal und sprang hoch. «Das wird er nicht. Niemals!»

Er trommelte mit seinen Fäusten gegen die Brunnenwand, so hart er konnte und stampfte auf das Pflaster. Die Kröte riss die Augen auf und stürzte nach hinten. Im Sprung stolperte sie noch über ihre eigene Zunge und schlug böse auf dem Boden auf. In panischer Flucht verkroch sie sich wieder dorthin zurück, woher sie gekommen war. Die Passanten blieben für einen Moment stehen und starrten den Jungen an. Das eigenartige Kind, das sie vorher gar nicht wahrgenommen hatten und das nun plötzlich voller Rage gegen den Brunnen hämmerte. Die Bürger unter ihnen zogen die Schultern hoch. Die Angestellten rümpften verächtlich die Nase und liefen eilig weiter. Die Handwerker, Mägde und Diener schauten mitleidsvoll auf das kleine Wesen. Ich aber lachte.

«Siehst du», seufzte ich, «man muss sich nur bewegen, und die Kröte nimmt Reißaus.»

Der Junge atmete schwer. Seine Fäusten pochten dumpf und fest. Es fühlte sich gut an, und so ließ er die Spannung gewähren, bis sie nach einigen Sekunden sanft abflaute. Dann sah er zu mir herüber, mit einer funkelnden Entschlossenheit, die nichts Kindliches mehr an sich hatte. Er sagte: «Wenn es sein muss, werde ich lernen, wie man in der Wüste schwimmt. Von mir aus werde ich der erste Fisch sein, der einen Berg besteigt. Der erste Fisch, der selbst die dunkelsten Wälder durchquert.»

Ich war stolz über den Sieg gegen die Angst. Fast wäre die Reise vorbei gewesen und sein Leben hätte eine andere Wendung genommen. Was wäre ich, der Mut, so dachte ich, ohne meinen kleinen Bruder, die Wut? Ich sagte: «Nun, junger Freund, lass uns mal sehen, wo das Wissen wohnt.»

«Du hast recht», sagte dieser, hob sein Kinn und ging auf ein Gebäude zu, das Feder, Tinte und Papier im Wappen trug.

KAPITEL 6

Unerwartete Hilfe

Es ist doch seltsam, dass man kurz vor dem Ziel besonders empfindsam ist für die eigenen körperlichen Schwächen. So manche Blessur wird plötzlich zur Pein, und auch die Müdigkeit nimmt so rasant zu, dass man meinen würde, man könne auf der Stelle tot umfallen. Der Junge war jedenfalls froh, als er nach dem langen Marsch am Rand des Marktplatzes ankam. Dort nahm er auf einer Bank Platz und betrachtete das Gebäude mit dem Wappen.

Es war etwa 100 Fuß lang und 60 Fuß breit. Es hatte drei Stockwerke und obendrauf ein graues Walmdach mit kleinen Gauben. Um die Fenster herum zogen sich blaue Zierleisten. An der schmalen Seite gab es einen Torbogen. Die Fassade war schon etwas verblichen, besonders an der Wetterseite. Trotzdem schien an manchen Stellen immer noch ein sonniges Gelb durch. Das Gebäude konnte sich keineswegs mit den angrenzenden Kaufmannshäusern messen, die aus Backstein waren und deren weiße Fugen im Sonnenlicht glänzten. Aber das musste es auch nicht. Der Zweck der Kaufmannshäuser war es, Reichtum zu demonstrieren. Nur deswegen hatten ihre Erbauer viel Geld für Arkaden, Fresken und sonstige Verzierungen ausgegeben. Das Gebäude vor uns war aus einem anderen Grund errichtet worden. Nämlich, um Platz zu bieten für viele Kinder und ein paar wenige Erwachsene.

«Komm, lass uns das Innere der Schule erkunden», sagte ich zum Jungen.

«Eine Schule?», fragte dieser ehrfurchtsvoll und drückte sich mechanisch hoch.

«Ja», sagte ich. «Komm.»

Die Menschenmenge um uns herum begann sich zu lichten. Die Mittagszeit war vorüber. Die Bürger hatten sich die Bäuche gefüllt und schlenderten nun nach Hause. Die Angestellten huschten zu ihren Büros zurück, während die Handwerker, Diener und Mägde nur noch ein baldiges Ende des Tages herbeisehnten.

«Halt! Was willst du hier?», schallte es unvermittelt aus dem Schatten des Torbogens. Der Ruf kam vom Pförtner. Wir hatten ihn nicht gesehen, so sehr verschmolz seine graue Uniform mit der lichtleeren Ecke des Eingangs.

«Nichts, nichts», stammelte der Junge und zog sich hinter die nächste Ecke zurück.

Der gute Junge

«Dann versuchen wir es eben an einer anderen Stelle», sagte ich.

Wir tasteten uns der Hauswand entlang, auf der Suche nach einem zweiten Eingang, und wenn es nur eine offene Kellerluke sein sollte. Ein übereifriger Pförtner würde uns jedenfalls nicht aufhalten können. Gleich hinter der Schule führte eine enge Gasse vorbei. Sie war dreckig und dunkel. In ihr stapelten sich die leeren Holzkisten der Händler. Modrige Gemüsereste lagen auf dem Boden. Ein wahres Fest für Ratten und Kakerlaken. Wir folgten ihr bis zu einer kleinen Nische. Und siehe da, wer verbarg sich darin? Das Geschwisterpaar mit dem Schuhputzkasten. Die beiden Kinder waren ebenso erschrocken wie der Junge, als sie sich plötzlich gegenüberstanden. Aus der Nähe sahen ihre Haare noch zotteliger und ihre Wangen noch rußgeschwärzter aus. Ihre Augen aber waren freundlich, und sie saßen dort so unschuldig, dass die Gasse plötzlich gar nicht mehr so dunkel wirkte. Nach schweigenden Sekunden öffnete das Mädchen ihren Mund und grinste.

«Hat dich etwa der Gendarm verjagt?», fragte sie.

Der Junge zögerte.

«Uns passiert das oft. Wir verstecken uns dann und warten, bis die Luft wieder rein ist.»

Ihr Bruder nickte, nahm ein Stück Holz aus seiner Hosentasche und begann, darauf zu kauen.

«Ich bin ihm gerade noch entwischt», sagte der Junge.

«Du verrätst uns doch nicht, oder?», meldete sich nun das Brüderchen zu Wort.

In diesem Moment war ein dumpfes Klicken zu hören. Überrascht fuhren die Kinderaugen zu der Stelle hoch, von wo das Geräusch gekommen war. Gut zehn Fuß über ihnen ging ein Fenster auf. Kurz war eine schlanke Hand zu sehen, wie sie einen Haken zur Fensteröse führte und ihn darin versenkte. Dann verschwand die Hand und man hörte das abklingende Geräusch von Stöckelschuhen auf hartem Grund.

«Dort muss ich hinauf», sagte der Junge.

«Was, in die Schule?», rief das Mädchen. «Sei nicht albern. Sie ist den reichen Kindern vorbehalten. Wir haben dort nichts zu suchen.»

«Ich schon», sagte er und blickte in die skeptischen Augen der Geschwister. «Helft ihr mir?»

Kurz streckten die beiden die Köpfe zusammen und tuschelten über den seltsamen Besucher.

Ein leises Kichern erklang.

«Na klar machen wir das … Ich für dich und du für mich, dann ist's ein leichtes Leben», sagte das Brüderchen, worauf der Junge verdutzt mit den Wimpern zuckte, weil der Spruch wie ein einstudiertes Gedicht klang. Zu weiteren Gedanken kam er nicht, weil das Mädchen das Kommando ergriff. Kurzerhand stapelten sie die herumstehenden Holzkisten zu einem Podest zusammen. Darauf errichteten sie einen Turm. Zuoberst stand der Junge, in der Mitte das Brüderchen und ganz unten das Mädchen. So reichten sie Kiste auf Kiste weiter, bis der Junge schon fast nach dem Fensterbrett greifen konnte. Das Unterfangen erinnerte an den Turmbau zu Babel. Nur dass die Angelegenheit

Der gute Junge

dieses Mal wesentlich wackeliger war. Vorsichtig schob der Junge eine Holzkiste unter seine Füße, dann noch eine und zum Schluss eine letzte. Er musste sich höllisch in die Mauerecke spreizen, um den Turm so weit wie möglich zu entlasten. Inzwischen hatten sich die Geschwister lang gemacht und drückten mit beiden Händen und auf Zehenspitzen stehend gegen das Bauwerk. Doch kaum gab die eine Seite etwas Ruhe, fing die andere zu zittern an.

«Ich weiß nicht, wie lange wir die Kisten noch halten können», stöhnte das Mädchen.

Der Junge schielte zum Fensterbrett. Es hob sich glatt gegen die raue Fassade ab. Er drückte eine Handfläche gegen die Wand und hob die freiwerdende Schulter bis über sein Ohr. So weit er konnte. Langsam tastete er mit seinen Fingern nach oben, wie ein Käfer, und obwohl er sich dehnte und streckte, blieben seine Fingerspitzen wenige Zentimeter unter dem Fensterbrett liegen. Sein Herz begann wild zu pochen, während der Untergrund rüttelte und schüttelte.

«Spring. Los, spring. Du hast nur einen Versuch», rief das Mädchen.

Wie in Zeitlupe sah ich, wie eine vermoderte Holzkiste von der Last über ihr zusammengedrückt wurde.

«Nur einen Versuch, mehr brauchst du nicht.»

Laut krachte der Turm zusammen. Das Poltern drang bis zum Marktplatz hinaus. Die Geschwister hechteten gerade noch zur Seite, um nicht von den Kisten getroffen zu werden. Als sie aufblickten, sahen sie den Jungen mit einer Hand am Fensterbrett hängen. Seine Füße zappelten wild hin und her. Die Geschwister hielten den Atem an. Der Junge aber schwang seine Beine zur Seite und führte die zweite Hand zur Kante. Ein kräftiger Klimmzug, die Knie zum Bauch gezogen, und schon saß er grinsend im Fensterrahmen. Die Geschwister hüpften und klatschten voller Freude und blickten zu ihm hoch. Er wollte ihnen gerade danken, als ein Händler angerannt kam.

«Was soll das, ihr Flegel? Ach, meine schönen Kisten!»

Er schrie den beiden flüchtenden Geschwistern noch nach, als sie schon wieder in einem neuen Versteck untergetaucht waren. Dann drehte er sich zum Kistenhaufen hin und begann, ihn zurecht zu schichten. Beäugt vom Jungen, dem es leid tat, dass er sich nicht verabschieden hatte können. Bisher hatte er auf seiner Reise nicht gerade viele freundliche Begegnungen. In der Stadt wimmelt es zwar nur so von Menschen, dachte er, aber Freunde zu finden, ist sehr schwer. Zu Hause war das nie ein Problem. Dort gab es so etwas wie Einsamkeit nicht. Wie sich Einsamkeit anfühlt und wie weh sie tut, hatte ihn erst die Stadt gelehrt.

Er rümpfte die Nase, sprang vom Fensterbrett und landete auf dem Absatz einer Wendeltreppe. Die Stufen waren aus weißem Marmor gehauen. Aus einer besonders edlen Sorte, denn die eingeschlossenen Kristalle funkelten wie kleine Sterne. Der Junge schloss für einen Moment die Augen und ließ die angenehme Kühle des Steins auf seine Fußsohlen wirken. Erst jetzt merkte er, wie durchgeschwitzt er war. Das Hemd klebte auf seiner Haut. Das war auch kein Wunder nach dem Marsch durch die halbe Stadt, der Flucht vor dem Gendarmen und der halsbrecherischen Kletterei. Es machte ihm zuerst nichts aus, aber als Sekunden des Ausruhens zu Minuten wurden, schlug die Frische in leichtes Frösteln um und der Junge schüttelte sich wie ein Hund, der gerade aus einem Teich gestiegen war.

Klack – Klack – Klack – Klack – Klack …

Da war wieder das Geräusch von vorhin. Es kam vom Halbstock, wanderte in die Ferne und war bald nicht mehr zu hören. Die Stöckelschuhe, dachte der Junge, sie haben mir Glück gebracht. Ohne sie stünde ich immer noch in der dunklen Gasse oder würde um das Gebäude kreisen und vielleicht dem Pförtner in die Arme laufen. Ein unsichtbares Gummiband schien an seinem Nabel zu ziehen. Er konnte gar nicht anders, als zum Halbstock zu schleichen. Dort angekommen, stand er in einem breiten Korridor, der durch das ganze Gebäude verlief. Auf beiden Seiten hingen Portraits von alten Männern. Sie waren mit schwerer Ölfarbe gemalt. Die Gemälde, die schon seit Anbeginn des städtischen Schulwesens die Gänge zierten, waren stark nachgedunkelt und hatten Risse bekommen. Sie waren am Ende genauso vergänglich wie jene, die sie gemalt hatten, und jene, die sich durch ihr Abbild ein Stück Ewigkeit versprochen hatten. Aber das merkte der Junge nicht. Er betrachtete seinen langgezogenen Schatten, der sich im blankpolierten Parkett spiegelte. Dann blickte er auf seine dreckverkrusteten Füße und kam sich schäbig vor. Ein kühler Luftzug traf von hinten auf sein durchgeschwitztes Hemd. Er rauschte auf die Mitte des Ganges zu. Auf einen Spalt zwischen Tür und Mauerwerk, der gerade so weit offenstand, dass der Luftzug etwas Kühle in das dahinterliegende Klassenzimmer bringen konnte. Der Junge ging auf den Spalt zu. Er wollte wissen, woher auf einmal das Gemurmel kam. Jeder Schritt hinterließ einen Abdruck von Sand, Schweiß oder beidem.

«Gerade sitzen, Ohren spitzen.»

Inmitten des Gemurmels waren ein paar Wortfetzen zu hören. Ganz deutlich. Der Junge achtete nun besser auf seinen Schatten. Dieser schritt ihm nämlich voraus und war mindestens doppelt so lang, wie er hoch war. Was auch immer hinter dem Türspalt wartete, er musste behutsam vorgehen und durfte sich nicht verraten.

«Hände falten, Schnäbel halten.»

Wieder hallte ein Wortfetzen durch den Korridor. Die Stimme hinter der Tür klang ernst und launisch. Jetzt bloß kein Geräusch machen, dachte der Junge.

Gerade als die Spitze seines Schattens den Lichtkegel des Türspalts erreichte, bog er sich zur Seite und verschwand. Er konnte dadurch noch näher herangehen und einen Blick in den Raum werfen. Nun sah er, woher das Gemurmel kam.

Schräg an der Wand entlang standen ein Dutzend Schulbänke. Darauf saßen Kinder, gekleidet wie Erwachsene. Sie hatten die Köpfe gesenkt, die Handflächen zusammengedrückt und ratterten gerade einen Vers herunter. Auf den Pulten vor den

Der gute Junge

Bänken lagen, fein geordnet, Griffel, Schiefertafel und Schwamm. In der Tiefe des Raumes stand der Lehrer. Er hatte ein Lineal in der Hand und schwang es im Rhythmus des Verses, als wäre er der Dirigent eines Orchesters. Dabei starrte er in ein Büchlein, das vor ihm auf dem Holzregal lag. Langsam flaute das Gemurmel ab, und die Kinder blickten zum Lehrer hoch. Für einen Moment herrschte Totenstille. Dann räusperte sich ein pausbäckiger Bub in der letzten Sitzreihe, kramte ein Stofftuch aus seiner Westentasche und fuhr sich damit über den Mund.

«Still sitzen, Ohren spitzen», polterte der Lehrer, worauf der Bub hastig sein Tuch verschwinden ließ und die Hände faltete. Sofort war es wieder still auf den Bänken. Die Schüler könnten genauso gut Tonfiguren sein, dachte ich, so versteinert und aufrecht saßen sie da.

«Lektion fünfzehn, Vers eins», sagte der Lehrer. «Los.»

Klackend schlug das Lineal gegen den Buchständer und gab die nächste Runde ausgiebigen Gemurmels frei. So eine Schule ist ein seltsamer Ort, dachte der Junge. Die Schüler waren so alt wie er, aber sie hatten nichts gemein mit dem Bild einer fröhlichen Schar, so wie er es von zu Hause kannte. Dort war das Leben der Kinder frei und zwanglos, weil die Alten wussten, wie bald Zwänge ihr Leben bestimmen würden. Also sollten sie wenigstens eine schöne Kindheit haben, an die sie sich in schweren Zeiten tröstend erinnern konnten. Die Schüler bewegen sich nach dem Takt des Lineals, dachte der Junge, und es schauderte ihm bei dem Gedanken und er sah kurz zur Seite. Dann warf er nochmals einen Blick in den Raum und die Kinder kamen ihm nicht mehr wie Kinder vor, sondern wie kleine Angestellte, weil sie sich ebenso uniform bewegten, alle den gleichen Schneider hatten und alles ausblenden konnten, was außerhalb des Machtbereiches des Lineals lag. Er schüttelte den Kopf. Ich bin hier falsch, dachte er. Oder doch nicht?

«Warte», antworte ich ihm und rief gleichzeitig einen meiner Gefährten an.

«Auf was?»

«Auf den Zufall, mein Junge, auf den Zufall.»

Draußen verschwand die Sonne bereits hinter den Hochhäusern. Sie hatte lange genug hoch im Süden gestanden und ihre sengenden Strahlen auf die Stadt geworfen. Jetzt aber war es an der Zeit, der Dunkelheit Platz zu machen. Für die Schüler und Lehrer würde der Tag auch bald zu Ende gehen.

Klack – Klack – Klack – Klack – Klack ...

Da waren wieder die Stöckelschuhe.

Das Geräusch wurde lauter, aber es ließ sich nicht sagen, aus welcher Richtung es kam. Der Junge kniete genau in der Mitte des Korridors und war unsicher, in welche Richtung er verschwinden sollte. Der Weg zur Wendeltreppe führte zum offenen Fenster. Aber was dann? Hinunterklettern in die Gasse war unmöglich, und springen, um sich vielleicht ein Bein zu brechen? Nein, das wollte er nicht. Auf der anderen Seite des Korridors sah es nicht besser aus. Es schien jeweils links und rechts eine Abzweigung zu geben, die überall hinführen konnte. Zu einer Treppe, einem weiteren Klassenzimmer oder in eine Sackgasse. Also doch springen, dachte er und lief auf Zehenspitzen zur Wendeltreppe zurück. Zuerst eilig, dann immer langsamer, weil das Geräusch stetig lauter wurde. Er hatte kaum einen Fuß auf den weißen Marmor gesetzt, als er gegen einen roten Rock prallte. Die Wucht des Zusammenstoßes warf ihn auf die Stufen nieder und er schlug sich den Ellbogen auf. Instinktiv umfasste er die schmerzende Stelle mit seiner Handfläche und drückte sie ganz nah an seine Brust.

«Auweh», stöhnte er, «mein Arm.»

Bevor er noch begriff, dass er mit einem Menschen zusammengestoßen war und dieser nun seinen einzigen Fluchtweg versperrte, hörte er eine sanfte Stimme.

«Ach du liebe Zeit. Wo kommst du auf einmal her?»

Der Junge fuhr sich mit dem Unterarm über die Augen und presste sein Handgelenk gegen die Stirn. Das unterdrückte den Schmerz. Als er den Arm wieder nach unten gleiten ließ und die Augen aufschlug, war sein Blick verschwommen und es trübte ihn die knallrote Farbe des Damenrocks. Er traute sich nicht aufzusehen, weil er wusste, dass er aufgeflogen war und nicht hierher gehörte. Die Gestalt musterte den verschreckten Jungen, der am Boden kniete und sein Gesicht verbarg. Ein Straßenkind, dachte sie. Davon gab es viele in der Stadt, zu viele. Besonders seitdem die Fabrikanten das Sagen hatten und die Menschen knechteten und ausbeuteten, wo sie nur konnten. Aber die Gestalt versuchte nicht an das Leid der Kinder zu denken, weil der Gedanke ihr wehtat und sie gelernt hatte wegzusehen, so wie auch alle anderen Menschen immer wegsahen. Es war einfacher so. Trotzdem war es falsch, und sie wusste das und schämte sich dafür.

Wie war er bloß hier reingekommen, dachte sie. Dann beugte sie sich zum Jungen hinunter und streichelte ihm über den Rücken.

«Tut es sehr weh?»

Der Junge zuckte, als er die fremde Hand spürte, denn sie hatte wenig Übung in dem, was sie tat. Er schielte zwischen seinen aufgespreizten Fingern hindurch und sah liebliche Locken und, Momente später, die Augen, die zum Korridor stierten. Dieser war mit tapsigen Fußspuren übersät, und ein Blick auf die Füße des Kindes verriet, woher sie kamen. Wenn das der Oberlehrer sieht, dachte die Gestalt und wollte noch abwägen, wie sie den Straßenjungen loswerden könnte. Loswerden um des Wegschauen Willens. Doch es war zu spät dafür.

Laut schrillte die Schulglocke und ein unheimliches Poltern erklang. Hunderte kleine Hände rissen gleichzeitig ihre Pulte auf und verstauten darin Griffel, Schiefertafel und Schwamm. Dann sprangen sie von den Bänken und stürmten zum Ausgang, als wäre eine Flutwelle hinter ihnen her. Die Augen der Gestalt waren noch immer auf den Korridor gerichtet. Nur die Flucht würde ihr noch helfen, das spürte sie, und so fasste sie den Jungen an der Hand und lief

Der gute Junge

los, so schnell es ihre Stöckelschuhe zuließen. Die Wendeltreppe hinauf bis zum nächsten Stockwerk, wo bereits die ersten Türen aufflogen. Dann zum nächsten Stock, wo die ersten Schüler auf die Gänge strömten und die beiden Flüchtenden nur unentdeckt blieben, weil die kleinen Angestellten zu sehr damit beschäftigt waren, ihrerseits das Weite zu suchen. Der Junge musste höllisch aufpassen, um nicht über die Stufen zu stolpern und gleichzeitig Schritt zu halten mit der Wahnsinnigen, die an ihm zerrte, als wäre er die Beute eines Raubtiers. Er sah weiß-rot – weiß-rot – weiß-rot; bis die Hand ihn freigab, er über einen dunklen Eichenboden rollte und unterhalb einer Dachgaube zu liegen kam. Krachend fiel die Tür zur Wendeltreppe zu, und die Gestalt presste sich mit ihrem Rücken dagegen, als wollte sie eine Gefahr draußen halten. Erst jetzt sah der Junge, mit wem er es zu tun hatte.

Vor ihm stand ein junges Fräulein, Ende zwanzig, mit rotem Rock, weißer Bluse und schulterlangem Haar. Ihr zitternder Blick verriet dem Jungen, dass sie kein Raubtier war und er nicht ihre Beute. Eher war es umgekehrt, denn der Junge spürte eine Ruhe in sich, so wie er sie seit dem Besuch des Magnaten nicht mehr empfunden hatte. Langsam ebbte das Poltern in den unteren Etagen ab, bis nur mehr das Dienstpersonal und die Lehrer im Haus waren. Einer von ihnen stand missmutig vor seinem Klassenzimmer und kratzte sich die Stirn. Wer hat den ganzen Dreck hier reingebracht, fragte er sich. Dann rief er nach dem Hausmeister und wies ihn an, den entwürdigten Korridor schleunigst auf

Hochglanz zu polieren. Eben dieser Ruf war bis in das Dachgeschoss zu hören, und das Fräulein erschrak heftig und der Junge merkte, dass sie schlimme Erinnerungen mit der bellenden Stimme verband.

«Der Ort, wo das Wissen wohnt», durchbrach der Junge die Stille, «ich muss ihn finden.»

Er sprach seine Worte gemächlich, so wie eine Mutter ihrem alptraumgeplagten Kinde sagt, dass alles gut sei. Und der Ton, dem er seiner Stimme gab, war genau das Gegenteil von jenem des launischen Lehrers. Das Fräulein hörte auf zu zittern und wischte sich die Angst von der Stirn.

«Wohnt hier das Wissen?», fragte der Junge.

Irgendwo knarrte eine Holzdiele, und ein leichter Windstoß brachte die Fenster zum Klirren. Dann war es wieder still.

«Was wohnt hier?»

«Das Wissen.»

Der Junge betonte nun seine Silben mit einer Dringlichkeit, die nach einem *Ja* als Antwort schrie. Das Fräulein blickte zu Boden. Dann ging sie ein paar Schritte zu einem gepolsterten Ohrensessel hin und ließ sich dort hineinfallen. Sie seufzte laut.

«Es gibt nur einen Menschen, der so von diesem Ort spricht», erwiderte sie und schlug das eine Bein über das andere. «Er war früher oft hier.»

«Der Uhrmacher», sagte der Junge.

«Du kennst ihn?»

«Er schickt mich.»

«Zu mir?»

Der gute Junge

«Ja», log er und bemerkte in diesem Moment, dass der ganze Dachboden mit Büchern vollgestopft war. Regal auf Regal, bis zum Ende des Raumes hin.

«Er hat all die Bücher gelesen, die sonst keiner liest», sagte die Frau. «Er wollte etwas bauen und ...»

«Er hat es gebaut», unterbrach sie der Junge. «Ich habe es gesehen und ihm geholfen und alles über die Zeit gelernt.»

Das Fräulein musterte den Jungen, der so anders war als die Kinder in der Schule. Er war noch ungezähmt, leichtblütig, aber auch verletzlich. Ein richtiges Kind eben. Er war auch anders als die Straßenkinder, obgleich er genauso zerlumpt und verdreckt war wie sie. Sie sah in seinen Augen, dass er nicht bloß in den Tag hineinlebte. Er weiß, was er will, dachte sie, und ist bereit, viel dafür in Kauf zu nehmen. So wie ich.

Wie gern wäre sie Lehrerin geworden in dieser Stadt, wo alle Ämter nur den Männern vorbehalten waren, ganz gleich, wie wenig ihnen an der Ausübung ihrer Pflichten lag. Überall hatte sie es probiert, sogar an der Musikschule. Überall hatte man sie weggeschickt, trotz ihres Talents für die Sprachen, Zahlen und Künste. Der Lehrberuf sei nichts für Frauen, das sei schon immer so gewesen und werde auch immer so bleiben, entgegnete ihr einmal ein Oberlehrer. Aber eine Bibliothekarin könnte ich noch brauchen, sprach er, und so endete sie dort, wo sie heute war. Besser als nichts, hatte sie sich damals gesagt und seitdem gewartet und gewartet, dass etwas passierte. Doch es war nichts passiert. Sie brachte den Lehrern die bestellten Bücher und holte sie wieder ab. Jeden Morgen und jeden Abend. Meistens bekam sie nicht einmal ein Dankeschön dafür, und so zog sie sich in ihr Bücherreich zurück, so oft es die Zeit zuließ. Manchmal blieb sie dort bis in die Nacht, um, nur im Schein einer Kerze, auf Wanderschaft zu gehen. Seite für Seite in fremde Welten hinein, um jenes Leben zu spüren, das ihr außerhalb dieser Wände fehlte.

«Ich weiß alles über die Zeit und über die Gesundheit», sagte der Junge. «Aber das wird nicht reichen.»

«Reichen? Wofür?», fragte die Bibliothekarin.

«Um das Glück wieder nach Hause zu bringen.»

Dann sah er zum Fenster hinaus und begann, von seinem Schicksal zu erzählen. Von seiner Familie, dem Magnaten, der Herbergssuche, der Weberin und dem Uhrmacher und schließlich vom Weg quer durch die Stadt, um den Ort zu finden, wo das Wissen wohnt. Er redete drauflos wie ein Kind, dem es gleich ist, ob ihm jemand zuhört oder nicht. Er war fest entschlossen, sein Schicksal selbst in die Hand zu nehmen. Nicht der kleinste Zweifel lag in seinen Worten, und die Bibliothekarin wunderte sich, woher er die Zuversicht nahm, zumal ihr die Zuversicht schon lange fehlte. Dann sah sie seine wunden Sohlen und schauderte. Es muss ihn doch schmerzen, dachte sie. Ihr fielen auch die kleinen Rinnsale auf den kindlichen Schienbeinen auf. Schmale weiße Bahnen, die der Schweiß durch den Staub gezogen hatte.

«Was, wenn ich dir nicht helfen kann?», sagte sie und es ekelte sie sogleich vor der eigenen fadenscheinigen

Der gute Junge

Ausrede, die so gut zum Wegsehen passte. Doch weit mehr ekelte es sie davor, dass sie zunehmend zu jenem Menschentyp wurde, den sie in der Tiefe ihres Herzens verachtete. Der Junge zeigte sich unbeeindruckt und brabbelte weiter. Der Uhrmacher hatte ihm aufgetragen, dass er drei Dinge bis zur Perfektion erlernen müsse, um auch nur den Hauch einer Chance zu haben. Erstens, zu lesen. Zweitens, zu schreiben. Drittens, zu rechnen. Alles andere würde er sich danach selbst beibringen können, und zwar an dem Ort, wo das Wissen wohnt.

«Diesen Ort habe ich ja nun gefunden», sagte er. «Ich bin bereit alles auf mich zu nehmen, um zu lernen, so schnell und so viel ich kann.»

Dann stand er auf, stellte sich breitbeinig vor die Bibliothekarin und sagte noch einmal:

«Ich bin bereit.»

Die letzten Sonnenstrahlen fielen durch das Fenster und kündigten das Ende des Tages an. Die Gassen und Plätze ringsum lagen schon im Reich der Dunkelheit. Das wusste auch die junge Frau. Ihr Herz pochte. So lange warte ich schon, dachte sie. Darauf, dass etwas passiert. Jetzt war etwas passiert, und dennoch ist es mir nicht erlaubt. Es ist gegen alle Regeln der Schule und besonders gegen das Gesetz des Lehrerpatriarchats. Wehe, wenn sie mich erwischen. Sie jagen mich davon. Wenn ich Glück habe. Sie begann wieder zu zittern. Zuerst in den Fingerspitzen und dann am ganzen Körper. Ihre Wangen röteten sich vom Rouge der Angst, und ich erkannte, dass sie hin und her gerissen war zwischen dem, was gut und richtig schien, und der ewigen Herzenskälte. So sah ich meinen Augenblick gekommen und hauchte ihr ins Ohr: «Sieh doch, auf welchen Weg dich die Angst führt, und stell dir vor, wo du mit mir überall hingehen könntest.»

Der Junge stand immer noch am selben Fleck. Nur sein Schatten hatte sich im Licht der scheidenden Sonne bis zum Ohrensessel hin ausgebreitet. Auf dessen Ende ruhte nun der Blick der Bibliothekarin, die plötzlich ganz ruhig war. So ruhig, dass sich nicht einmal ihr Brustkorb unter der atmenden Last ihrer Lungen bewegte.

«Ich bin bereit», sagte der Junge zum dritten Mal, drückte seine Fäuste in die Hüften und schob sein Kinn nach vor.

In diesem Moment erhob sich die Bibliothekarin und zog ein verstaubtes Buch aus einem der Regal hervor. Sie schlug es auf und blätterte darin. Bis zu einer bestimmten Seite, wo sie innehielt und mit dem Finger über ein paar Zeilen strich. Dann schlug sie das Buch zu und blickte zum Jungen hin.

«Ich bin ...», sagte dieser, ohne seinen Satz zu Ende zu führen.

«Ich auch», entgegnete die Lehrerin befreit. «Ich auch.»

KAPITEL 7

Das dritte Gut

Dem heißen Sommer folgte ein kalter Winter. Anfangs war er für die Menschen eine Wohltat. Aber als die Tage immer kürzer, die Eiszapfen an den Fenstern immer länger und die Kokshaufen in den Kellern immer kleiner wurden, verfluchte man die Kälte bald genauso wie davor die brütende Hitze. Den Wettergeistern missfiel die ewige Nörgelei derjenigen, die seit langem nur mehr den irdischen Dingen zu huldigen wussten. Und sie kränkten sich an der Art und Weise, wie die Menschen die Natur knechteten. So ließen sie die frostige Kälte bis weit in den Frühling hinein gewähren. Dann kamen ein trockener Sommer und ein nasser Herbst, und die ohnehin schon spärliche Feldfrucht faulte den hilflosen Bauern unter den

Händen weg. Wenn die Menschen in diesen Tagen ihre Köpfe zum Himmel reckten, sahen sie zwei Dinge. Ein nicht enden wollendes Meer von dunklen Wolken und beständig nach Süden ziehende Vogelschwärme. Als der Himmel endlich aufbrach, waren die letzten Vögel schon lange fort und die Menschen wussten, was der kommende Winter bringen würde.

«Ich lege sie schlafen», sagte die Mutter.

«Quält er sie sehr?», entgegnete der Vater.

«Ja.»

«Es ist doch besser so, weil sie ihn dann nicht so sehr spüren.»

Aber sie werden von ihm träumen, dachte die Mutter, und sie versuchte, ihren Mann milde anzulächeln, weil er doch alles in seiner Kraft Stehende tat, um den Hunger von seinen Lieben fernzuhalten. Er sagte: «Lass uns gut haushalten mit dem, was wir haben, und es werden wieder bessere Zeiten kommen.»

Die Mutter nickte und drehte sich weg. Sie weinte.

Der Vater streckte seine Hand aus und sprach «Komm».

In seiner Geste spiegelte sich die ganze Ohnmacht eines Mannes wider, den das Leben überrollt hatte und dem es graute, wenn er daran dachte, welcher Akt als Nächstes kommen würde. Als er keine Reaktion vernahm, senkte er seine Hand zu Boden.

«Ich schaffe es nicht mehr», sagte die Mutter leise. «Was bin ich für eine Mutter, wenn ich meinen Kindern nur Tränen geben kann.»

Dem Vater lief nun auch das Wasser in den Augen zusammen, aber er hatte gelernt, es zu verdrängen. Er ging zum Holzschrank, öffnete ihn und griff nach dem schon etwas eingetrockneten Brotlaib. Dann zog er sein Messer aus dem Hosensack, schob den Federriegel zur Seite und klappte es mit einem laxen Schwung seiner rechten Hand auf. Den Laib dicht zur Brust gepresst, schnitt er drei dünne Scheiben davon ab. Diese legte er auf ein weißes Stofftuch und faltete es zusammen.

«Hier, nimm», sagte er zu seiner Frau. «Mein Teil des Abendmahls.»

«Aber ...», zögerte sie.

«Lass gut sein und gib es den Kindern.»

Die Mutter ergriff die freie Hand ihres Mannes und streichelte sie. Dann küsste sie seine eingefallenen Wangen und nahm das Päckchen an sich. In der Kinderstube schwoll unterdessen ein lautes Quietschen an. Es kam vom todmüden Kleinen, der wild in seiner Wiege zappelte, weil ihm doch noch etwas fehlte, um in das Land der Träume hinübergleiten zu können. An der Wiege standen die beiden Schwestern, mit besorgtem Blick auf das kleine Menschenbündel, das auf so viele Arten quietschen konnte. Sie dachten über den Grund des Spektakels nach. Waren es wieder die Zähne oder hatte er Bauchschmerzen? Vielleicht war der Wickel feucht oder wollte er noch einmal in den Arm genommen werden? Wenn man nur wüsste, was ihn so schauerlich quält, dachten die Schwestern und pressten die Hände auf die Ohren.

«Der Kleine hat Hunger», sagte die Mutter.

Unbemerkt war sie in die Stube getreten und stand nun an der Kopfseite der Wiege. Mit ein paar weichen

Gesten dirigierte sie die beiden Mädchen in ihre Betten. Dann faltete sie das weiße Stofftuch auf und brach die oberste Scheibe Brot in kleine Stücke. Sorgfältig führte sie diese zum Mund des Brüderchens und brachte ihn rasch zum Verstummen. Dann waren die Schwestern an der Reihe, und die Mutter streichelte sie in den Schlaf, als auch sie satt und zufrieden zwischen Polster und Decke eingeschmiegt dalagen, wie kleine Engel. Zuletzt ging sie zum Fenster hin. Dort stand ein leeres Bett. Es würde auch diese Nacht leer bleiben. Aber die Mutter dachte nicht daran. Sie nahm das Kissen, schüttelte es zurecht und glättete die Bettdecke mit ihren Handflächen. Das tat sie Tag für Tag, seitdem ihr ältester Sohn das Haus verlassen hatte. Einmal in der Früh und einmal am Abend, wenn sie ihre letzte Runde durch die Kinderstube machte.

Ein stiller Beobachter hätte ein solches Ritual als unnützen Aufwand abtun können. Doch der Antrieb der Mutter lag tiefer. Wenn sie über das Bett strich, sah sie oft zum Fenster hinaus und dachte an ihren Jungen, den sie schon geliebt hatte, als er das erste Mal als ein unscheinbares Kitzeln in ihrem Bauch zu spüren gewesen war. Sie hatte ihn großgezogen und nie einen Gedanken daran verschwendet, wie es wohl sein würde, wenn er einmal fortginge. Jetzt war er fortgegangen. Wohin? Das wissen nur die Sterne, dachte sie, und ich stehe hier, ohne ihm helfen zu können. Aber ich mache sein Bett, damit er es schön hat, wenn er wieder an unsere Tür klopft. Damit er sich wieder zu Hause fühlen kann, dort wo seine Wurzeln sind und wo alles lebt, was ihm lieb ist.

Der gute Junge

Sie blickte zum Mond hinauf, der gerade hinter einer grauschwarzen Kumuluswolke hervortrat. Sein Schein tauchte das Tal in ein mattes Blau. Es war ruhig geworden auf den Feldern und in den Häusern. Nur ab und zu scheuchte der Ostwind das goldrote Laub vom Boden auf und blies es zum nächsten Hindernis. Dort sammelte es sich dann in großen Haufen, bis der Schnee es wieder zu Boden drückte.

«Siehst du auch gerade zum Mond hinauf, mein guter Junge?», flüsterte die Mutter.

Wie schön er doch ist, dachte sie. Er ist viel schöner als die Sonne, die man nie vollends betrachten kann, ohne sich die Augen zu versengen. Da ist mir der Mond in all seiner Mattheit, seiner Schlichtheit und seiner Ruhe lieber.

«Er soll über dich wachen, Kind», sagte sie leise. «Wo auch immer du bist.»

Sie führte ihre Fingerspitzen zu den Lippen und küsste sie. Dann faltete sie ihre Hand auf und schickte den Kuss mit einem Hauch ihres Atems auf die Reise. Zuerst zog das Liebesgeschenk dem Himmel entgegen, stieß hoch zum Mond hinauf, umrundete jene dunkle Seite, die noch kein Mensch je zu Gesicht bekommen hatte und machte sich wieder auf den Weg zurück zur Erde. Dort brach er durch das Wolkenmeer und hielt auf einen hellen Punkt in der sonst lichtleeren Ebene zu. Je größer der Punkt wurde, desto deutlicher zeigten sich die Konturen von Straßen und Plätzen. Bald waren winzige Gebäude zu erkennen, die beim Näherkommen zu gewaltigen Türmen aus Stahl und Glas anschwollen.

Sanft wie eine Feder schwebte der Kuss einem abseits der dunklen Schluchten liegenden Walmdach zu. Es war auf beiden Seiten mit Gauben gesprenkelt. Hinter einem der Fenster brannte noch das Licht einer Öllampe, und eng bei der Lampe saß der Junge. Er war in eine Wolldecke gehüllt und dachte nicht ans Schlafen. Sein Geist war einem Buch verhaftet, das auf seinen Schenkeln ruhte. Langsam schwebte sein Finger die Zeilen entlang. Seine Lippen bewegten sich im Takt der Vokale. Lautlos.

Der Kuss zögerte nicht, sondern setzte seinen Weg fort. Durch das Glas hindurch, am Licht spendenden Schein der Lampe vorbei, bis zum Endziel seiner Reise. Der Junge hatte gerade umgeblättert und führte seinen Finger zum Anfang des neuen Kapitels. Er atmete tief ein, erfasste die erste Silbe und vernahm plötzlich ein warmes Kitzeln auf seiner Stirn.

«Mutter?», stieß er hervor. «Kann es denn sein, dass du hier bist?»

Er lauschte in den weiten Raum hinein und hörte ... nichts. Mehr als ein Jahr ist es schon her, dachte er. Ein Jahr, seit ich weiß, dass Wissen das dritte Gut ist, welches ich brauchen werde, um das Glück nach Hause zurückzubringen. Er stand auf und betrachtete den Mond. Wenn du mich jetzt sehen könntest, hier in meinem Reich. Du würdest es nicht glauben, und ich hätte dir so viel zu erzählen. Von all den fantastischen Dingen, die ich erlebe mit meinen Büchern, die meine treuen Freunde sind und die mich jeden Tag aufs Neue überraschen.

Der gute Junge

«Du würdest es nicht glauben», sagte er leise.

Am Tag schlafe ich, weil ich mich vor den anderen Lehrern und Schülern verstecken muss. Ich bringe sonst die Lehrerin in Gefahr, die sich aufopfernd um mich kümmert und mich mit allem versorgt, was ich brauche. In der Nacht aber bewege ich mich frei wie ein Vogel und tanze mit den Buchstaben, singe mit den Zahlen und sauge alles Wissen in mich auf, bis die Sonne über dem Dächermeer erscheint. Dann erst krieche ich in meine Schlafhöhle zurück, ganz hinten, wo die Bücher der alten Lehrmeister verstauben, weil kein Mensch mehr Verwendung für sie hat. Außer der Lehrerin, die bei Tage eine Bibliothekarin ist, aber im Herzen immer schon eine Lehrerin war. Sie lehrt so, wie es die Alten taten, als sie noch jung waren und niemanden hatten, der sie unterrichtete. Es war die Zeit vor den Schulen und Städten und Fabriken und all den Dingen, die heute über das Leben bestimmen. Ehe du nach Wissen suchst, frage nach dem Zweck deiner Suche, hatte die Lehrerin einen der Alten zitiert; denn die zweckfreien Dinge rauben unsere Lebenszeit, und ich weiß nur zu gut um den Wert der Zeit. Ich lese den Satz des Uhrmachers jeden Tag, jetzt, wo ich lesen kann, dachte er. Ich kann auch schreiben, wenn auch nicht allzu gut. Trotzdem schreibe ich flinker und genauer als vor einer Woche noch, und weil ich nichts anderes tue und weil mich der Zweck so unaufhörlich fordert, fällt es mir leichter mit jeder Stunde, in der ich nicht schlafe.

«Schläfst du schon, Mutter?», fragte der Junge. Sein Kinn ruhte auf seiner Faust und er sah noch immer zum Himmel hinauf. «Dein Tag war bestimmt lang. So wie meine Nächte lang sind und ich nicht will, dass sie je enden, weil es so viel zu lernen gibt.»

Allmählich schob sich eine hoch aufragende Wolkensäule vor den Mond und die Finsternis gewann die Oberhand. Mit dem sterbenden Mondschein schwand das Kitzeln auf der Stirn des Jungen und er wurde unruhig.

Ich muss wissen, was der Magnat weiß, dachte er. Ich muss wissen, was er weiß, sonst kann ich nicht verhindern, dass er bekommt, was er will. Er bekommt immer, was er will. Der Junge brauchte sich nicht an das Gesicht des Magnaten zu erinnern. Er konnte es mit einem Fingerschnippen abrufen.

«Genug getrödelt», sagte er laut und kam sich seltsam vor. «Ich darf nicht an Dinge denken, die mich nicht weiterbringen.»

Er versuchte den Mond zu vergessen und den Magnaten und die Finsternis und die Mutter und den Kuss. Letzteres schmerzte ihn und er fühlte ein Stechen in der Brust, doch er würgte es ab, bevor es ihm zu Kopf steigen konnte. Er hatte mittlerweile Übung darin, seine Schmerzen abzuwürgen, seit der Lektion an jenem Tag am Brunnen, wo seine Reise fast vorüber gewesen wäre. Ich darf nur an das denken, was mich weiterbringt, dachte der Junge. Alles andere ist nutzlos. Wenn ich Nacht für Nacht durchhalte, ohne Rast und Plänkeleien, trägt sich etwas Großartiges zu, und ich kann nicht einmal erklären, warum. Ich falle stets todmüde auf meine Matratze, meist noch mit einem Buch im Arm, und sehe im Traum alles ganz klar vor mir: Die Märchen der alten Lehrmeister, ihre Regeln und Geheimnisse. Die auf sprödem Papier verewigten Flüsse, Berge, Wälder, Städte und Straßen des Landes. Zahlen, wie sie sich unter der Macht der Symbole auftürmen oder zerbröckeln, bis nur mehr ein Hundertstel oder Tausendstel von etwas übrig ist. Ich sehe auch das gesprochene Wort, wie es schwarz auf weiß seine Bahnen zieht und nur mit einer Bewegung des Mundes wieder zum Laut erweckt wird. Dann am späten Nachmittag, wenn mich die Lehrerin weckt, ist es oft so, als hätte ich all das schon immer gewusst.

Ich könnte das Kapitel einfach morgen schließen, dachte er und drehte sich vom Fenster weg; es kommt nicht darauf an, und du hast viel geschafft. Gestern, vorgestern und heute.

«Nein», sagte er. «Jedes Mal, wenn du das tust, betrügst du deine Lebenszeit. Und deine Träume bleiben leer. Wenn du Glück hast. Wenn du Pech hast, füllen sie sich mit Zweifeln, Ängsten und den bangen Blicken von Mutter und Vater.»

Auf das kann ich verzichten, dachte der Junge und drehte das Rädchen an der Öllampe so weit nach rechts, bis ihr grünlicher Schein ganz hell wurde. Das tat seinen Augen gut und sein Lesefinger eilte über das verbliebene Kapitel doppelt so schnell, wie er sonst zu lesen gewohnt war. Dann schloss er das Buch, nahm seinen Stift und kritzelte ein paar Notizen auf ein Blatt Papier. Als er damit fertig war, griff er nach den Bögen, die ihm die Lehrerin jeden Sonnabend in die Bibliothek brachte. Es waren seine Aufgaben für eine Woche. Listen von Büchern, die er zu lesen hatte, das Schreiben von Aufsätzen, Lösen von Zahlenrätseln und viele Dutzend Dinge mehr, an denen er wachsen würde, so wie ein Baum nur dann wächst, wenn er reichlich Wasser bekommt. Er nahm sich zunächst eine Zahlenreihe vor, die sich schon am Vortag als widerspenstig erwiesen hatte. Die Quersummen waren in Ordnung, genauso wie der Divisor, den er weiter oben errechnet hatte. Nur am Endergebnis zweifelte er. Also ging er noch einmal alles durch. Komma für Komma, und er grinste, nachdem er den Fehler erspäht hatte. Die anderen Zahlenreihen waren ähnlich konstruiert und stellten keine ernstzunehmende Hürde mehr dar. Erledigt. Weiter ging es zu vier verflochtenen Dichtungen. Die erste handelte vom Blühen und Verwelken in der Natur. Die zweite vom ewigen Kampf zwischen Licht und Dunkelheit. Die dritte von Flut und Ebbe. Die vierte Dichtung entpuppte sich als Rätsel und fragte nach Mutter und Vater der großen, lebensbestimmenden Gegensätze, die am Ende doch Geschwister waren. Der Junge biss auf den Stift und schob ihn mit der Zunge hin und her. Er tat dies, wenn er besonders angestrengt nach einer Lösung suchte. Wann er damit angefangen hatte, wusste er nicht, und es kümmerte ihn in Wahrheit auch nicht. Er wusste nur, dass diese Angewohnheit seinen Geist schärfte, und wenn er das spitze Ende rasch hin und her stieß, sich plötzlich viele kleine Gedanken zu einem Bild zusammensetzten, das ihm Antwort geben würde. Doch nicht sofort, denn

Der gute Junge

das Bild war anfangs verwaschen, wie ein Aquarell, und es dauerte oft Minuten, bis etwas zu erkennen war. Manchmal zeichneten sich auch Linien ab, nur um kurze Zeit später wieder zu verblassen. Das ärgerte den Jungen und er zog dann den Stift aus seinem Mund und klemmte ihn hinter das Ohr. Einer anderen Aufgabe zugewandt, würde er das ungelöste Problem einen Tag ruhen lassen und dann von neuem anpacken. Ich habe Vertrauen, dachte der Junge in einem solchen Moment. Vertrauen, morgen zu lösen, was ich heute nicht lösen kann.

Die Spitze des Stifts stoppte genau in der Höhe seiner Nasenspitze und verharrte dort. Das Rätsel ist kein Problem für zwei Tage, dachte der Junge. Er sah jetzt nicht nur die Linien von zwei Kreisen, einer groß, der andere klein, sondern er sah auch, wie der große Kreis gelb zu strahlen begann und der kleine Kreis einen grauen Teint annahm, mit graphitschwarzen Flecken darauf.

«Ach, natürlich», wisperte er, schrieb die Lösung auf eine dafür ausgesparte Stelle des Bogens und griff, ohne zu zögern, nach der nächsten Aufgabe.

«Nun, was haben wir hier?»

Der Junge spürte einen eigenartigen Rhythmus in sich, wie das stete Schlagen einer Blechtrommel, aber es störte nicht, es belebte ihn. Und während draußen die Gestirne vorüberzogen, zog sein rastloser Geist von einer Frage zur nächsten.

Zwischendurch, er hatte gerade ein Märchen mit dem Titel *Die kleine Eiche* abgelegt und hielt ein neues in Händen, sagte er: «Das ist meine Nacht», und kam sich abermals seltsam vor.

Ist es denn seltsam, dachte er, wenn man weiß was man will und es einfach tut? Nein, hatte die Lehrerin einmal gesagt. Seltsam sei es, wenn man dem Willen eines Lineals folge. Das sei seltsam, oder man könnte auch sagen, es sei traurig. Obwohl die Schüler nichts dafür könnten, dass die Erwachsenen so seien, wie sie seien, nur weil sie selbst nie Kind sein durften. Trotzdem hätten sie damit nicht das Recht gepachtet, ihre Sprösslinge so lange im Bann des Lineals zu belassen, bis auch sie alles Kindliche verloren haben. Sie raubten ihnen mehr, als dass sie ihnen gaben, und er habe Glück.

«Glück?», hatte der Junge ihr entgegnet und seine Augenbrauen hochgezogen.

«Ja, Glück», hatte sie nochmals gesagt. «Weil dir der Weg nicht vorgezeichnet ist. Du zeichnest ihn nämlich selbst.»

Der Junge verstand. In den ersten Wochen hatte er die Schüler noch neidisch von der Gaube aus beobachtet, wie sie nach Schulschluss auf den Marktplatz gestürmt waren. «Du beneidest sie?», hatte ich ihn gefragt.

Alles an ihnen, hatten seine zusammengekniffenen Augen geantwortet. Ihre Schuluniform, die Stiefel, die Schultaschen mit den goldbestickten Wappen. Was konnte er dem entgegnen? Eine Hose aus Ziegenleder? Ein geflicktes Hemd? Nackte Füße? Sobald er aber im ersten Herbst seiner Lehrzeit sah, welche Bücher die Lehrerin für die Klassen zu arrangieren hatte, verblasste

Der gute Junge

sein Neid. Was die Schüler zu lesen bekamen, war der immer gleiche Einheitsbrei von Regeln und Gesetzen des Lebens und der Arbeit. Endlose Kolonnen von Versen, die entweder mit «Ich darf nicht» oder «Ich muss» begannen. Zwar gab es ein Büchlein, wo am Anfang jeder Seite ein «Ich sollte» prangte, doch war es bei der Lehrerschaft recht verpönt und kam daher selten zum Einsatz.

Ich habe Glück, dachte der Junge und blickte den Regalreihen voller Bücher entlang, wie sie langsam im Dunkel des Raumes verschwanden. Ich kann mir nehmen und studieren, was mich weiterbringt und wonach mir ist. Das ist mir lieber als eine Schuluniform. Dann sah er aus dem Fenster, wo die ersten Vorzeichen des Morgens am Himmel erschienen. Also drängte er Augen, Finger und Stift zur Eile, und als die Sonnenscheibe den Horizont durchbrach, war das Werk vollendet und das Schlagen der Blechtrommel verstummte, sanft und stetig, bis es nur mehr die Träume gab. Sie befielen den Jungen ohne Vorwarnung und behielten ihn bis weit über den Punkt hinaus, an dem er normalerweise die Lider aufschlug. Er merkte nicht, wie die Lehrerin die Türklinke nach unten drückte und mit Erschrecken feststellte, dass ihr Schützling neben dem Sessel eingeschlafen war. Sie warf einen kurzen Blick die Marmortreppe hinunter, schloss die Tür und streifte die Stöckelschuhe ab. Dann sammelte sie die Bücher und Bögen ein. Sie lagen verstreut auf dem Boden und gaben Zeugnis einer strengen Nacht. In der offenen rechten Hand des Jungen lag noch der Stift.

Abgestumpft vom schweren Gebrauch, sah seine Spitze aus wie eine Fingerkuppe.

Er hat sich noch kein Stück bewegt, dachte die Lehrerin. Er liegt so da, wie er in den Schlaf gefallen ist, und es wird noch dauern, bis er wiederkommt. Sie ging zum Tisch hin und begann damit, die Aufgaben zu verbessern. Zuerst die Leseliste, und als sie erstaunt feststellte, dass sie komplett war, verstaute sie die Bücher in den Regalen. Dann nahm sie die Zahlenreihen durch und hakte sie nacheinander ab. Dasselbe tat sie mit den Aufsätzen und den Lückentexten zu Fragen der Natur, des Landes und seiner Geschichte. Einmal regte sich der Junge kurz, nur um sogleich wieder in eine tiefe Starre zu verfallen. Die Lehrerin ließ sich dadurch nicht beirren und arbeitete konzentriert weiter. Jeden Fehler, den sie heute fand, würde der Junge morgen nicht machen müssen. Das herbstliche Flammenmeer versank weit im Westen, als die Lehrerin fertig war und der Junge die Augen aufschlug. Er sah das vertraute Gesicht und freute sich.

«Du hast viel geschafft, Kind», sagte sie.

Noch halb im Schlaf, stützte er sich hoch, schüttelte die steifen Glieder und nahm auf dem Sessel Platz. Er zog die Füße an und umschlang diese mit beiden Armen. Dann überflog er mit den Augen den Eichenboden, wo Decke und Stift lagen.

«Meine Aufgaben», murmelte er. «Ich wollte sie noch ordnen.»

«Das habe ich bereits», sagte die Lehrerin.

Sie schlug das eine Bein über das andere und presste ihren Mund zu einer schmalen Linie zusammen. Das

Der gute Junge

irritierte den Jungen. Habe ich etwas falsch gemacht, dachte er. Wenn ich etwas falsch gemacht habe, strenge ich mich in dieser Nacht noch mehr an. Ich brauche nur Öl für die Lampe und eine Klinge für den Stift. Ich bin ausgeruht und die neue Nacht fängt erst an und sie wird länger sein als die gestrige.

«Welchen Tag haben wir heute?», sagte die Lehrerin.

Die Frage rauschte am Ohr des Jungen vorbei. Er sah noch immer auf den schmalen Mund und rang mit seinen Gedanken. Ich habe mich zu sehr zur Eile gepeitscht, dachte er. Die Nacht war magisch, aber womöglich auch trügerisch. Habe ich in all dem Gewirr von Worten und Zahlen den Faden verloren? Oder doch nicht? Meine Träume waren so klar, dass ich meinte, ich wäre den ganzen Tag wach gewesen. Dennoch behaupten meine Glieder das Gegenteil, ebenso wie mein nebeliger Kopf, der mich Unsinn denken lässt, so wie jetzt.

«Mittwoch, mein Junge», sagte die Lehrerin. «Wir haben Mittwoch.»

Sie rollte mit den Fingerspitzen über den Papierstoß. Er lag streng ausgerichtet an der Tischkante, neben der sie saß, und der Stoß war ungefähr so hoch, wie ihre Hand breit war.

«Mittwoch?», fragte der Junge verdutzt.

«Ja, Mittwoch», wiederholte die Lehrerin. «Ein Werk von sieben Nächten, vollendet in drei.» Sowie sie das gesagt hatte, entspannte sich ihr Mund, und sie stand auf und ging zum Jungen hin.

«Weißt du», sagte sie, und sie liebte es, lobende Worte zu sprechen, an diesem Ort, wo der Tadel regierte und sonst nichts.

«Deine Arbeit ist makellos, wirklich makellos. Ich habe lange auf den Tag gewartet, an den mein Wirken einen Unterschied macht. Aber man ließ mich nicht. Bis du kamst.»

Die Lehrerin zog den Jungen hoch und umarmte ihn. Sie umarmte ihn firm und warm und sie versuchte diesen Moment für sich zu verewigen und schloss die Augen. Am liebsten würde ich den Jungen niemals wieder loslassen, dachte sie, obwohl seine Zeit hier bald zu Ende ist. Er weiß jetzt, was er wissen muss, und er weiß, dass das Wissen dort wohnt, wo Bücher sind. Ich werde sein Wohl nicht über das meine stellen.

Sie flüsterte: «Ich bin sehr stolz auf dich.»

Der Junge blickte auf ihr friedliches Antlitz und schmiegte sich noch tiefer an die weiche Brust. Er spürte, wie eine Locke über seine Wange streifte, und sog ihren frischen Duft ein. Er schloss nun auch die Augen, lauschte dem Herzschlag und fühlte großes Glück.

«Danke», sagte er. «Danke für alles.»

Und dann, nach einer langen Pause, in der die Zeit zu verweilen schien wie die Ewigkeit, schlug er die Augen auf und erstarrte.

«Was zum Teufel ist denn hier los?», bellte es. «Wo kommt denn der verlauste Bengel her?»

Die Lehrerin wusste sofort, dass der glücklichste Tag ihres Lebens in dem Moment vorüber war, als die schaurige Stimme des Oberlehrers ertönte. Urplötzlich stand er im Türrahmen. Mit einem Stapel Bücher vor der Brust, die er im ersten Schreck laut krachend zu Boden fallen ließ. Doch er hatte sich schnell gesammelt, und sein Schreck wich heißem Zorn über den Eindringling, der es wagte, seine heiligen Hallen zu entehren. Er ballte die Fäuste und fletschte die Zähne wie ein Pferd, das in einen Apfel beißt. Gleichzeitig krümmte er seinen Rücken zu einem Buckel, auf dem nur die Eiterbeulen gefehlt hätten. Sein Blick spie Gift und sein Mund stammelte Flüche von solch ruchloser Art, dass sie nur einem dunklen Herzen entspringen konnten.

«Fräulein», krächzte er und wandte seine Grimasse mit all seinem Zorn gegen die Lehrerin. «Werfen Sie das Ding raus, oder ich werfe Sie raus.»

Die Lehrerin, die in dieser Sekunde keine mehr war, trotzte dem Hass und drückte den Jungen schützend an sich. Das befeuerte den Zorn des Tobenden, dem das Blut so heiß zu Kopf stieg, dass dicke Schweißperlen auf seiner Stirn hervortraten.

«Fräulein», erwiderte er, «Sie werden doch nicht … Oder doch?»

Der Lehrerin lief ein Schaudern über den Rücken, und der Junge, zur Salzsäule erstarrt, sah in Zeitlupe, wie der Oberlehrer seine Hand hob.

«Wage es nicht, du Gespenst», sagte sie laut. Und meinte dann, was er schon sei ohne seine Robe und den albernen Tellerhut. «Ein Gerippe bist du, nichts weiter. Ein Gespenst, das kleine Kinder quält und sich daran erfreut.»

«Du Biest», schrie der Oberlehrer und spannte seine dürren Beine zum Sprung auf die widerspenstige Frau.

Als er das sah, riss sich der Junge los und stürmte mit dem Kopf voran auf das Gespenst zu. Den Bruchteil einer Sekunde später rammte er mit voller Wucht dessen Hüfte, überschlug sich und kam auf dem Treppenpodest zu liegen. Der taumelnde Oberlehrer spürte den Schatten in seinem Rücken verschwinden und holte zu einem Fußtritt aus. Noch in der Drehung sah er, wie sein Fuß weit ab vom eigentlichen Ziel gegen den Türstock prallte. Der Knochen war kein Gegner für die Eiche. Er zerbrach in tausend Teile und stempelte seinen Besitzer zum Krüppel.

«Lauf, mein Junge», schrie die Lehrerin, während sich das Gespenst noch wunderte, warum ihn sein rechtes Bein nicht mehr trug.

Der Junge zögerte. «Ich will dich nicht allein lassen», flehte er.

«Du musst, Kind. Du musst.»

Es gab kein Zurück mehr. Nicht an die warme Brust, nicht in die schützenden Arme. Und als der Junge das verstand und in die gütigen Augen der Lehrerin blickte, schoss er hoch und eilte die weiße Marmortreppe hinunter. Begleitet vom Geschrei des Oberlehrers, den der Schmerz derart hart ins Gericht nahm, dass er fast in Ohnmacht fiel. Schon hatte der Junge eine Etage hinter sich gebracht. Seine Hand glitt dabei so schnell über das ölversiegelte Geländer, dass sich brennende Striemen in die Haut fraßen. Kurz vor

Der gute Junge

Erreichen der zweiten Etage stürmte der Hausmeister heran. Er hatte das Getöse gehört, das nach Not klang und schnelle Hilfe beschwor. Und da kam schon der Übeltäter heran. Ein barfüßiger Straßenjunge. Ein Dieb bestimmt, dachte der Hausmeister und schwang seinen Besen waagrecht gegen die Fluchtrichtung des Kindes. Der sah das Hindernis schon beim Sprung über drei Stufen hinunter und hechtete ausgestreckt unter dem Besen hindurch. Wie ein Pinguin, der über das Eis gleitet, rutschte er bäuchlings den blankpolierten Korridor entlang und kam auf Höhe des ersten Klassenzimmers zu liegen. Dort stand ein Eimer Wasser. Der Junge wusste, dass alle Gänge Sackgassen waren, außer der Marmortreppe, die zum Erdgeschoss führte. Dort, wo der Ausgang war, an dem Tag und Nacht der Pförtner wachte. Aber an das dachte der Junge jetzt noch nicht. Er sah, wie der Hausmeister seinen Besen unter die Achsel klemmte und die Spitze auf den Jungen richtete. Er mutete wie ein lanzengespickter Ritter aus längst vergangenen Zeiten an. Aber sein Schnauben und Schaben zerschlug jede Hoffnung auf einen fairen Kampf. Schon trabte der übermächtige Gegner an, und als er in den Galopp überging, sah der Junge seine Chance gekommen.

Er griff nach dem Eimer und entließ eine Welle, die ihm den Weg bahnen würde. Auf Zehenspitzen tauchte er in das weggleitende Nass. Behutsam, aber bestimmt. Der Hausmeister kam dagegen in derart schneller Fahrt angerast, dass er beim ersten Kontakt mit den braunen Wogen von der Senkrechten in die Horizontale überging. Wild mit den Armen rudernd, versuchte er noch, das verlorene Gleichgewicht wiederherzustellen. Ein zweckloses Unterfangen, bewiesen durch den herrenlos gewordenen Besen, der klackend über den Korridor schlitterte. Genauso wie sein Besitzer einen Wimpernschlag später. Geschafft, dachte der Junge und fasste das Treppengeländer, wo ihm die weißen Marmorstufen den weiteren Weg wiesen. Seine Lungen pumpten und sein Blick verengte sich zu einem Tunnel. Er nahm das Wehklagen in seinem Rücken kaum mehr wahr. Er sah nur den Pförtner, wie er halb verschlafen aus der Wachstube stürzte und, die Arme zur Klammer aufgespreizt, ins Leere griff.

«Lauf, lauf», rief von fern die Lehrerin.

Das spornte den Jungen an und er eilte auf den Marktplatz hinaus. Auf Höhe des Brunnens witterte er einen Verfolger im Nacken. Harte Schritte, die stetig näher kamen. Wie groß ist mein Vorsprung, dachte er. Ich darf nicht zurücksehen, sonst ist es vorbei. Laufen, nur laufen darf ich, so gut mich meine Beine tragen. Sie haben mich vom Tal in die Stadt getragen und durch die Stadt. Sie werden mich auch in der Flucht tragen.

«Du Narr», widersprachen ihm die Beine, «du hast uns sträflich vernachlässigt in deinem Bücherexil.»

Der Junge fühlte tatsächlich die Kraft aus seinen Gliedern weichen. Mit jedem Meter, den er näher an den Rand des Marktplatzes herankam. Die Kaufmannshäuser schienen greifbar nah, jetzt, wo er langsamer wurde und die Schritte hinter ihm lauter. Zu den harten Schritten gesellte sich ein dumpfes Keuchen. Der Junge

Der gute Junge

empfand den Hauch einer Berührung am Hals und stieß einen Angstschrei aus. Das Hallen fegte über den leeren Marktplatz, bis in die engen Gassen hinein, und kehrte als Echo zurück. Durchhalten, bloß durchhalten, dachte er. Nur einen Augenblick, bis zu diesem dunklen Fleck, der den Eingang zu einer Gasse markiert und die weiß Gott wohin führt. Hauptsache weg, nur weg von der Gefahr, die hinter mir herjagt. Der Junge setzte alles auf eine Karte. Er tauchte in die Dunkelheit ein, obwohl er nicht wusste, was dahinter lag. Doch der Boden trug, wie seine Füße wieder trugen, weil sie ihre Chance witterten. Der Verfolger im Nacken fiel zurück. Rechts streifte der Junge eine raue Häuserfassade und verstand dadurch, dass die Gasse nach links bog. Nach wenigen Sprüngen bog sie wieder nach rechts, öffnete sich an einem beleuchteten Plätzchen und ging in drei schmale Gassen über. Der Junge schlug einen Haken entgegen der Laufrichtung und verschwand dort, wo es sein Verfolger am wenigsten vermuten würde.

Leise, ich muss leise sein, dachte er und drosselte sein Tempo. Das nahm seinen Lungen die Last und er konnte den Atem anhalten, um zu lauschen. Dort drüben waren noch Schritte zu hören. Irgendwo in der jungen Nacht. Sie stoppten kurz, trabten an und rollten in die Ferne. Dann war es still, und der Junge war erschöpft. Er fiel auf die Pflastersteine und war froh, allein zu sein. Endlich Ruhe, dachte er. Endlich Frieden. Er sah nicht, wie die Lehrerin auf den Marktplatz hinaustrat. Mit hochroten Augen zwar, aber ohne Tränen, weil sie zu stolz war, Schwäche zu zeigen im Angesicht der Schufte, die sie nun verjagten. Der Hausmeister schleuderte ihr noch ein paar ihrer Habseligkeiten nach. Ein eingerahmtes Bild einer Blume, einen lieblich verzierten Becher aus Porzellan und die Öllampe. Das alles zerschmetterte auf dem Pflaster, genauso wie ihre Zukunft, die schlagartig in Scherben lag. Doch das störte sie nicht, weil sie nun hin und nicht mehr weg sah. Weil sie nun das tat, was richtig und gut war, und nicht jenen Ofen befeuerte, in dem alles Gute verglühte.

Sie rief «Ihr Schufte!» und trat nach vorn, woraufhin sich der Hausmeister eiligst hinter die Pforte zurückzog. Und bevor noch der Pförtner von nächtlicher Jagd zurückgekehrt war, lief sie heim, an nichts denkend als an ihren Schützling, der wieder auf sich allein gestellt war.

KAPITEL 8

Das vierte Gut

Viele Gassen weiter spürte der Junge seine Brust zur Ruhe kommen, und aus seinen Beinen wich das saure Gefühl der Erschöpfung. Die Stadt tat es ihm gleich. Mit Einbruch der Dunkelheit erstarben all die Hektik und das ganze künstliche Gehabe des Beschäftigtseins. Sie waren unnütz geworden, jetzt, wo keiner mehr hinsah, weil die Dunkelheit es verwehrte und die Straßenlaternen nicht zahlreich genug waren, um die Sonne zu ersetzen. Mancherorts zogen noch torkelnde Schritte über das Pflaster oder es ertönte das Rattern einer Kutsche. Das war nichts Ungewöhnliches, und der Junge beachtete es kaum. Hier kann ich nicht bleiben, dachte er. Früher oder später läuft ein Nachtwächter die Gasse entlang, oder ein Betrunkener. Was dann?

Während er grübelte, was als Nächstes zu tun sei, kroch die Kälte in ihm hoch. Er stemmte sich vom Boden auf, verschränkte die Arme und drückte die Schultern an den Hals. Sein Kopf war ungeschützt, genauso wie seine Beine abwärts der Knie. Dort packte ihn die Kälte mit voller Wucht, und er musste sich eingestehen, dass ihn die Zeit in der Schule weich gemacht hatte. Weich gegenüber den Naturgewalten, die nicht unterschieden, ob da ein Mann mit Wollmantel stand oder ein barfüßiges Kind. Einen Mantel müsste ich jetzt haben, dachte er, und Schuhe. Ich könnte so vieles gebrauchen im aufziehenden Herbst. Vielleicht habe ich noch etwas Zeit, bis der Frost kommt, denn wenn er einmal hier ist, will ich vor dem Ofen sitzen und nicht unter freiem Himmel. Hauptsache, es regnet heute nicht, trotz der satten Wolkensäulen, die den Mond verdecken, und des Geruchs von Feuchtigkeit, den der Wind plötzlich heranträgt. Es kann morgen regnen oder übermorgen, wenn ich wieder ein Dach über dem Kopf habe. Ja, dachte der Junge, morgen oder übermorgen ist früh genug. Für die Natur und für mich.

Dann traf ein Regentropfen auf sein linkes Ohr und glitt bis zum Ohrläppchen hinunter. Dort brach es ab und verschmolz in Sekundenbruchteilen mit dem Leinenhemd.

«Verdammt», zischte er. «Warum …?»

«Warum du?», unterbrach ich ihn.

«Ja.»

«Weil das Unglück immer in Begleitung kommt», antwortete ich. «Man hat dich aus der Schule gejagt.

Alles, was du hast, trägst du am Leib, und jetzt fängt es an zu regnen. In wenigen Minuten wirst du nass sein. Bis auf die Haut. Dann wirst du schlottern vor Kälte und deine Lippen werden sich blau färben.

Er sah mich ungläubig an und blickte doch nur in den Spiegel.

«Willst du wissen, was als Nächstes passiert?», fragte ich.

Er wollte es nicht wissen.

«Du wirst krank werden. Ohne Bleibe, ohne Mutter, ganz allein auf dich gestellt, hier in der fremden Stadt. Du wirst vollauf damit beschäftigt sein, dich selbst zu schützen, und was bleibt sodann auf der Strecke?»

Ich brauchte nicht weiterzufragen. Was hätte es geholfen, sein Selbstmitleid zu befeuern, in dieser regnerischen Herbstnacht? Nichts. So sagte ich: «Selbstmitleid wärmt nicht, es macht nicht satt und es hilft dir nicht, das Glück nach Hause zurückzubringen. Vielmehr betäubt es Geist und Körper, bis es zu spät ist.»

«Zu spät?», murmelte der Junge.

«Nur wenn du sitzen bleibst», antwortete ich ihm.

Auf seinen Wangen hatte sich ein dünnes Rinnsal gebildet. Es speiste sich von einer mit Wasser vollgesogenen Strähne. Und da er nun merkte, wie seine Zähne klapperten, stand er auf, steckte die Hände in die Hosentaschen und ging los. Zuerst die Gasse hinunter, bis er auf eine Allee traf. Er folgte ihr im Schutz der Bäume und hielt Ausschau nach den beleuchteten Fenstern der angrenzenden Villen. Auf einem überdachten Balkon sah er die Glut von Zigarren. Dort lehnten zwei Männer, die scherzten und lachten. Schräg gegenüber prangte eine ausladende Glasfront. Dahinter saßen ein Dutzend Personen an einer übergroßen Tafel. Sie war reich gedeckt, und die Garderobe der Herrschaften war edel und prunkvoll. Soeben trug der Diener einen Truthahn herein. Verfolgt von den hungrigen Augen des Jungen. Die Herrschaften aber ignorierten die Speise. Ihre ganze Aufmerksamkeit galt den Ringen, Halsketten, Perlen und sonstigem Lametta, das unübersehbar Ohren, Dekolletees und Hände schmückte.

«Das Stück muss ich haben», sagte die eine Dame und zeigte auf den Rubin ihrer Kontrahentin.

«Ein Unikat», sagte diese. «Leider.»

Ihre Mundwinkel heuchelten falsche Betroffenheit, und ihre hochgezogenen Brauen unterstrichen die eigene Stellung. Die unterlegene Dame verstand die Zeichen nur zu gut. Höflich lächelnd wandte sie sich ab und blickte ihrem Mann vorwurfsvoll in die Augen. Der wiederum verstand nicht, woher auf einmal die schlechte Laune seiner Liebsten kam, und versuchte, sie auf andere Gedanken zu bringen.

«Sieh doch, Engel», sagte er. «Gönnen wir uns doch etwas von dem Truthahn.»

«Ach, was soll ich mit dem Vogel?», winkte sie ab. «Nach Prunk dürstet es mich und nicht nach solch gewöhnlichem Zeug.»

Der Mann wollte noch Einspruch erheben, obwohl er wusste, wie zwecklos es war. Da hob der Gastgeber sein Glas und verkündete einen Trinkspruch. Sofort

Der gute Junge

war der Groll vergessen, und die Gesellschaft gab sich wieder dem gewohnten Klatsch und Tratsch hin. Im Schatten der Allee stand der Junge und beobachtete die Szenerie. Diese herrlichen Speisen, dachte er. Wenn ich nur ...

Aber der Regen, der jetzt mit voller Heftigkeit vom Himmel prasselte, ermahnte ihn, seinen Weg fortzusetzen. Er ließ das Villenviertel hinter sich und bog in jenen Stadtteil ein, wo die Angestellten wohnten. Dort gab es nicht viel zu sehen. Ein Haus glich dem anderen, wie ein Schuhkarton einem Schuhkarton gleicht, und die Straßenzüge waren derart schmucklos und frei von Ablenkungen, dass der Junge schnell vorankam. Anfangs marschierte er noch im Schutz der Dachgiebel, doch dann fegte der Regen plötzlich seitlich heran und durchnässte auch die letzte trockene Stelle. Er musste sich immer wieder die Augen abwischen, jetzt, wo der Wind aufbrauste und der Regen kein Regen mehr war, sondern Gischt, die sich über die schlafende Stadt ergoss. Wasser, dachte der Junge kopfschüttelnd. Zuerst von oben, dann von der Seite, und nun auch noch von unten.

«Wenn das so weitergeht, ersäuft die Stadt», zischte er, «und ich mit ihr.»

Es war kaum möglich die eigene Stimme zu hören, und der Junge wusste nur, dass er etwas gesagt hatte, weil ihm die Gischt in den Mund spritzte und er sich daran verschluckte. Schutz, dachte er, ich muss Schutz suchen. Irgendwo, wo es trocken ist und warm und hell. Und bis ich so einen Platz gefunden habe, muss ich in Bewegung bleiben, sonst sind nicht nur meine Füße taub, sondern bald auch meine Hände. Hauptsache, die Nase spüre ich noch, dachte er. Wenn ich die nicht mehr spüre, selbst wenn ich sie kneife mit all meiner Kraft, dann gnade mir Gott. Also bog er um die nächste Ecke, mit guter Hoffnung, etwas zu finden, das sein Leid mindern würde. Er spähte den Straßenzug entlang und glaubte, im Kreis gelaufen zu sein. Wieder nichts. Aber am Ende der Straße, irgendwo dort vorne in der Dunkelheit, gibt es wohl einen Platz, wo ich unterziehen kann. Nur noch dieses Stück, dachte er und lief weiter. Das nächste Viertel, das er erreichte, war genauso öde wie die vorherigen, und der Junge fluchte laut. Die Häuserfronten glichen Gefängnismauern. Grau, hoch und undurchdringlich für all jene, die nicht den passenden Schlüssel bei sich trugen. Dann eben weiter in diese Richtung, dachte er und rieb seine kaltklammen Hände aneinander.

«Eilt, Beine, eilt», sagte er, «dort vorne, ich spüre es, dort vorne gibt es Schutz.»

Der Junge lief nun so schnell er konnte, und trotzdem schlotterten seine Lippen. Sie hatten sich vor geraumer Zeit blau gefärbt, und jetzt ging es auf Mitternacht zu und der Junge wusste, dass die Temperaturen weiter fallen würden. In den frühen Morgenstunden, kurz bevor die Sonne am Horizont auftaucht, kommt der Tiefpunkt, dachte er. Aber so lange halte ich unmöglich durch. Nicht bei diesem Sturm, nicht in diesem Getöse. Er wischte sich zum hundertsten Mal den Regen aus den Wimpern. Dort vorne endet die Straße, sagte er sich. Das Stück noch.

Nur das Stück noch. Er erreichte eine Kreuzung und blieb stehen. Links und rechts dieselbe Ödnis. Häuserzeile auf Häuserzeile. Leere Gasse auf leere Gasse. Kein Baum, kein Strauch, nichts. Nur ein verzweifelter, ausgekühlter und bis auf die Haut durchnässter Junge, dessen Zeit allmählich knapp wurde.

«Klopf an die Türen», rief ich. «Wie damals in der Vorstadt.»

«Aber wenn es die falsche ist?», stammelte der Junge.

«Mach, sonst spült dich die Flut hinfort.»

So trat er an die Schwelle zu seiner Linken und schlug den Eisenring mit aller Kraft gegen den Beschlag.

Tock – Tock – Tock.

Nichts passierte. Er lief zur nächsten Tür und machte sich erneut bemerkbar, so laut er konnte. Wieder nichts. Der halbe Straßenzug lag bald hinter ihm, und er fühlte, wie seine Nase taub wurde.

Tock – Tock – Tock.

«Aufmachen – jemand – bitte.»

Alles Lärmen und Rufen half nichts. Keine Seele öffnete ihm, und er lief, sich selbst überlassen, weiter, bis er an einen rauschenden Fluss kam. Darüber führte ein an Stahlseilen aufgehängter Steg, und der Junge sah, wie dieser schwankte und ächzte.

Das muss eine Grenze sein, dachte er. Eine Grenze zu einem anderen Stadtviertel. Ohne Mauern und versperrte Türen. Oder hinter dem Fluss liegt ein dichter Wald, wo ich mich in das Laub graben kann. Einen Meter tief wie ein Igel. Dort würde ich warten, bis diese schrecklichste aller Nächte vorbei ist, und morgen von neuem mein Glück versuchen. Du Narr, sagte er sich. Die ganze Nacht schon liegst du falsch. Was hast du erreicht? Du läufst von einer Ecke zu nächsten, winselst vor den Häusern fremder Leute, hoffnungsvoll und beharrlich, aber es ändert nichts – du bleibst allein.

In dem Moment erkannte der Junge was das vierte Gut war – seine Familie und Freunde. Sie fehlten ihm, seit er von zu Hause weggegangen war.

Was nützt mir Gesundheit, Zeit und Wissen, wenn ich ganz allein auf dieser Welt bin, dachte er. Er verschränkte die Arme auf Höhe der Brust und blies lauwarme Luft unter sein Hemd. Dann blickte er hinab auf die pechschwarzen Wogen, die sich auftürmten, ineinander verzahnten und krachend zusammenstürzten. Wieder und immer wieder, gepeitscht von den Wassermassen, die von den übervollen Kanälen heranbrandeten und vom Wind, der erst im Flussbett seine ganze Gewalt entfesseln konnte. Er machte noch drei Schritte bis an die Brüstung des Steges und fasste das Stahlseil. Es war kalt und glitschig.

«Sieh doch», sagte ich laut, «hoch oben, hinter der Regenwand.»

Dort brach soeben ein roter Schein aus der Dunkelheit. Er stand als Schleier am Himmel und pulsierte im Rhythmus der Regenböen. Der Junge bewegte sich mühsam vorwärts. Er war schon weit über die Kälte hinaus, von der er geglaubt hatte, er könnte sie nicht ertragen. Füße, Hände und Nase waren genauso taub und dumpf wie sein benebelter Geist. Meine Beine

Der gute Junge

tragen noch, dachte er. Es ist ein Wunder, aber sie tragen noch, und sie sollen mich weiter tragen zum roten Schein hin. Ein Stück noch. Nur das eine Stück. Dann hatte er fast die Mitte des Steges erreicht, hineingekrallt in das Stahlseil, das der einzige Grund war, warum er nicht schon längst unter 20 Fuß Wasser begraben lag. Der Steg tobte wie ein wilder Stier unter einem viel zu eng geschnallten Flankengurt, und der Junge gab bei jedem Schritt acht, weil der Boden spiegelglatt war und der Wind gnadenlos auf ihn niederpeitschte. Der Schein muss von einem Feuer kommen, dachte er. Ein menschengemachtes Feuer. Welche Flamme könnte sonst in diesem Sturm überleben? «Wärme», stotterte er dann und machte einen Schritt nach vorne. Er verlagerte kurz das Gewicht auf den einen Fuß und verlor fast die Balance. Ich muss mit den Stößen des Windes arbeiten, nicht gegen sie, dachte er. Ich könnte zwei, drei Schritte auf einmal machen. Aber dann reißt es mir das Stahlseil aus den Fingern. Also lieber sachte, und wenn ich den Sturm zu meinem Bruder machen muss, dann soll es so sein. Besser er ist jetzt mein Bruder als mein Feind. Und als er den Gedanken zu Ende geführt hatte, war er weit über die Mitte hinaus und der Boden schwankte weniger stark als zuvor.

Unten im Fluss krachte es. Ein abgebrochenes Wasserrad taumelte heran und schmetterte gegen die Kaimauer, wo es in Dutzende kleine Teile zerbarst. Kurz darauf folgte eine Schiffsmühle, die tapfer auf den Wogen schwankte, sich drehte und mit knapper Not an der Verderben bringenden Kaimauer vorbeischrammte, bevor sie flussabwärts in der Dunkelheit verschwand. Wenig später machte der Junge einen letzten Satz vom Steg hinunter auf den gepflasterten Uferweg und atmete tief durch. Er erkannte, wie der Schein stärker wurde und torkelte weiter. Zuerst an einer Mauer entlang, die zu einer Fabrik gehörte. Dann bis zu einer großen Halde, wo es nach feuchtem Koks roch. Er stieg auf einen der Haufen, um besser sehen zu können, erkannte in der Ferne viele Lichter und rutschte auf der anderen Seite hinunter. Ein Lattenzaun versperrte seinen Weg. Dieser überragte ihn um das Dreifache, und der Junge ging ihm entlang, bis er eine Lück fand. Der Regen prasselte unvermindert auf die Erde nieder, und auch wenn der Wind nun von vielen Hindernissen gebremst wurde, kam jeder Luftstoß tausend Nadelstichen gleich. Dem Jungen waren der Regen und der Wind und die Kälte plötzlich gleichgültig. Er konnte kaum noch einen klaren Gedanken fassen. Irgendwo in der Nähe bellte ein Hund. Der Junge machte einen großen Bogen um das Tier, und es mochte gegen drei Uhr früh gewesen sein, als er endlich an der Quelle des roten Scheins ankam: dem Herzen des Industrieviertels.

Am Scheitelpunkt einer Anhöhe blieb er stehen. Das Gelände vor ihm war übersät mit Hochöfen und Schornsteinen in den verschiedensten Größen und Formen. Dazwischen lagen flach eingedeckte Hallen. In manchen von ihnen klirrte und hämmerte es. Selbst der Sturmregen konnte den hellen Klang nicht übertönen, wo harter Stahl auf glühendes Eisen traf. Heiße Funken traten, vom Sog emporgezogen, in den Nachthimmel

Der gute Junge

und tanzten über den Schloten ihren letzten Reigen, bevor sie schließlich als Ascheflocken zu Boden schwebten. Der Junge schleppte sich weiter. Sein Ziel war ein blechverkleideter Schuppen, in dessen Nähe ein feuerspeiender Ofen stand. Im Schuppen brannte kein Licht, und es war auch kein menschliches Tun auszumachen. Auf dem Vorplatz lag allerhand Gerümpel herum. Fässer, verrostete Hufeisen, ein zerbrochenes Fuhrwerk und verschlissenes Zaumzeug. Das Fuhrwerk lehnte schräg an der Hallenwand, und der Junge wollte sein Glück versuchen und einen Weg in das Innere des Gebäudes finden. Er fasste eine Speiche und zog sich mit seiner ganzen Verzweiflung und aller Kraft, die er noch aufbringen konnte, auf die Bordwand hoch. Von dort rutschte er auf Knien weiter, griff eine quer abstehende Stange, die sich zwischen Dachtraufe und Ladefläche verkeilt hatte, und drückte sich an der Schuppenwand entlang nach oben. Ein warmer Luftzug trat zwischen zwei Streben des Dachaufbaus ins Freie. Die Lücke war gerade groß genug, also zögerte der Junge nicht lange, sondern zwängte sich wie ein glitschiger Aal rücklings durch das Loch und hinein in das schützende Gebäude, wo er sich an handbreiten Latten nach unten hangelte. Mehrmals hatte er das Gefühl, zu fallen, weil seine zittrigen Glieder kaum mehr gehorchen wollten. Doch dann tauchte seine Zehenspitze in etwas Weiches und er versank darin bis zu den Knien, bevor der Boden zu tragen begann. Es raschelte, und er musste zweimal laut niesen, war aber dennoch unfähig, zu erfühlen oder gar zu ertasten, was im Schuppen gelagert wurde. Vorsichtig ließ er die Latten los und drehte sich in den Raum hinein. Dabei versank er noch tiefer in der Sache, von der er nicht wusste, ob sie sein Heil oder sein Untergang sein würde. Sein Herz pochte wild, und er streckte die Arme zur Seite, um nicht vollends in die Tiefe zu sacken. Da raschelte es abermals, und er hielt ganz still. Und während er den schweren Tropfen lauschte, wie sie auf dem Blech des Daches ihre Symphonie spielten, stieg aus der Tiefe etwas hoch, nach dem er sich so sehr gesehnt hatte – Wärme.

Natürlich dachte der Junge. Stroh. Wie es knistert und wie es meine Waden pikst. Jetzt, wo ich langsam wieder fühlen kann, was mich umgibt.

«Stroh», seufzte er und legte den Kopf in den Nacken.

Für einen Moment nur verspürte er einen sanften Druck auf den Augenlidern. Doch er hatte keine Kraft mehr, um zu weinen. Er wollte nur noch Ruhe finden und wälzte sich nach vorne, indem er mit beiden Armen in das gelbe Gold hineinfasste und es unter seine Brust schob. So bekam er die Beine frei. Danach presste und stampfte er sich eine Unterlage zurecht, die fest genug war, um darauf zu liegen. Als das getan war, drehte er sich auf den Rücken und schob eine satte Lage Stroh über Beine, Bauch und Brust, bis nur mehr der Kopf hervorlugte. Tief vergraben zitterte er sich warm und merkte, wie die Wärme nicht mehr wirkungslos verpuffte, sondern sich mehrte und in jede Faser seines Körpers kroch.

Der gute Junge

So schlief er ein. Anfangs zuckte sein Mund noch und seine Stirn warf Falten, ausgelöst von der schlechten Sorte von Träumen. Bald aber gewann die Erschöpfung die Oberhand und riss den Jungen mit sich an einen Ort, an dem er nichts mehr zu fürchten hatte. Er merkte nicht, wie in der hintersten Ecke des Schuppens ein Wispern ertönte. Und er merkte auch nicht, dass von der anderen Seite eine leise Antwort kam. Dann ein Rascheln, ein scharfes *Schscht*, und es war Ruhe. Bis zum Morgen.

KAPITEL 9

Neue Freunde

Mehr als ein Dutzend Augenpaare starrte auf das tief schlafende Menschenbündel herab. Es hatte sich noch keinen Zentimeter bewegt und das würde es auch in den nächsten Stunden nicht.

«Ein Streuner», sagte eine Kinderstimme. «Wie ist er bloß hier reingekommen?»

«Über das Fuhrwerk», antwortete jemand. «So wie wir.»

«Und was machen wir jetzt mit ihm?»

Die Augenpaare wanderten zur Wand. Dort stand ein Mädchen mit zotteligen Zöpfen und hielt sich an einer Holzlatte fest.

«Er wird uns nichts tun», sagte sie. «Lasst ihn schlafen.»

Der gute Junge

Dann schwang sie sich hoch, spielerisch, wie schon Hunderte Male zuvor, und war nach wenigen Zügen bei den Dachstreben angekommen. Sie blickte nach draußen und sah den grauen Himmel sowie die tiefen Pfützen auf dem Vorplatz, die das nächtliche Gewitter hinterlassen hatte. Es wird bestimmt wieder regnen, dachte sie. Spätestens zu Mittag.

Von weiter unten rief indessen ihr Brüderchen zu ihr hoch: «Schlimm?»

Das Mädchen klemmte ihr Knie zwischen Latte und Blechwand und beugte sich zur Kinderschar hinunter.

«Schlimm genug», sagte sie. «Die Leute werden in ihren Häusern bleiben. Ein magerer Tag also.»

Alles nickte zustimmend.

«Nun», sagte das Mädchen, «es bleibt uns doch nichts anderes übrig, wenn wir satt werden wollen. Wer ist mit dem Schuheputzen dran?»

Zwei kräftige Kerle hoben die Hand, worauf ihnen jemand den Schuhputzkasten reichte.

«Und die Almosen? An der Kathedrale und im Geschäftsviertel?»

Die vier dafür vorgesehenen Kinder hielten ihre Becher schon in der Hand und traten nach vorne.

«Gut», sagte das Mädchen. «Der Rest durchstöbert mit mir die Marktgassen und sammelt alles ein, was die Händler doch nur wegwerfen würden.»

Dann blickte sie noch in die Runde und verharrte beim Kleinsten von ihnen. Ein schmächtiger Waisenbub, den sie erst vor wenigen Wochen aufgelesen hatten und der mit kullerrunden Augen seinen Auftrag erwartete.

«Du bleibst bei ihm und passt auf», sagte sie. «Er wird noch unsere Hilfe brauchen. Und wir die seine.»

Sie machte daraufhin kehrt und griff zur Dachstrebe hinauf. Die Kinder setzten sich ebenfalls in Bewegung und kletterten ins Freie, wo sie in alle Richtungen verschwanden. Erst am späten Abend kamen sie wieder. Klitschnass und hungrig. Das Mädchen kehrte als Letzte in das Versteck zurück, jedoch nicht, ohne sich zuvor vergewissert zu haben, dass ihnen niemand gefolgt war. Im Stroh saß der Junge und rieb sich den Schlaf aus den Augen. Neben ihm sein Aufpasser, der freudig lächelte, als er das Mädchen sah. Diese fasste in ihre Tasche, reichte dem Kleinen ein Stück Brot und streichelte ihm über das Haar.

«Und? Hast du ihn schon eingeführt?», sagte sie.

«Er ist gerade aufgewacht», kicherte der Waisenbub.

«Na, dann kommt mal beide mit.»

Sie wateten durch das Stroh bis in die hinterste, einzig noch erleuchtete Ecke des Schuppens. Dort lagen Bretter, auf denen schon einige Kinder saßen. Mit einer Handbewegung deutete das Mädchen ihren Schützlingen an, näher zusammenzurücken. Sie löste ihre Schürze und breitete sie aus. Der Reihe nach legten die Kinder den Ertrag ihres Tages darauf ab. Drei Büschel Karotten, eine Tasche voller Gurken, Brotschnitten, die in der Summe etwa zwei Laiben entsprachen, Birnen, einen Block Schmalz und einen Hut voller Nüsse. Dann machte ein Becher für die Münzen die Runde. Ganze sechsundzwanzig Pfennig zählte das Mädchen zum Schluss. Eine miserable Ausbeute. Wenigstens

Der gute Junge

werden wir heute alle satt, dachte sie. Bloß der Winter darf nicht zu früh kommen. Mäntel, dicke Socken und zwei Paar Schuhe fehlen uns. Sie blickte zum Jungen hin. Drei paar Schuhe, dachte sie sorgenvoll und leerte die Pfennige in einen kleinen Beutel hinein, der halb gefüllt war und den sie an einer dicken Schnur um den Hals trug. Dann teilte sie das Mahl nach der Anzahl der Köpfe und sprach: «Ich für dich und du für mich ...» Die Kinder fuhren in die Höhe und riefen: «... dann ist's ein leichtes Leben.»

In dem Augenblick erkannte der Junge, wer da im Halbdunkel vor ihm saß.

«Du? Ihr?», stotterte er.

«Na, Streuner», sagte das Mädchen. «Wie ist es dir in der Schule ergangen?»

«Ich ...», stammelte der Junge. Er musste schlucken. «Ich ... wollte euch ... danken.»

«Dafür ist noch genug Zeit», sagte das Mädchen. «Iss erst mal was.»

Sie lächelte, und wie der Junge so durch die Runde sah, erkannte er auch das gierig mampfende Brüderchen. Ich habe gehofft, sie wiederzusehen, dachte er. Nur geglaubt habe ich nicht mehr daran. Nicht nach der langen Zeit, versteckt zwischen all den Büchern. Er räusperte sich, nahm eine Brotschnitte von der Schürze und aß. Es wurde nun kaum noch gesprochen. Mit den vollen Mägen kam die Müdigkeit, und so zogen sich die Kinder zu zweit oder zu dritt zurück, aneinandergeschmiegt und mit einem Fuß hoch Stroh bedeckt, bis es ganz still wurde. Das Mädchen hatte den Jungen etwas abseits genommen, um die anderen nicht zu stören. Sie lagen dicht zusammen. Fast berührten sich ihre Nasenspitzen. Im Flüsterton erzählte sie ihm von ihrer Gemeinschaft. Alle waren von zu Hause ausgerissen, weil entweder die Eltern nicht für sie sorgen konnten, sie niemanden mehr hatten oder sie ihre Zukunft selbst in die Hand nehmen wollten. Sie alle kamen von den kleinen Tälern im Vorland des Gebirges. Dort, wo seit geraumer Zeit ein böser Magnat sein Unwesen trieb. Hof auf Hof hatte er schon in den Ruin gestürzt und seine vormaligen Besitzer zur Knechtschaft gezwungen. So ernteten sie jetzt für einen Hungerlohn Gemüse und Obst oder züchteten Rinder und Schafe, die der Geschäftsmann dann für viel Geld zu verkaufen wusste. Unterstützt wurde er von zahllosen Händlern aus der Stadt, denen es egal war, wo die Ware herkam. Hauptsache, ihr Anteil stimmte, und so drehte sich die verhängnisvolle Spirale für die geknechteten und die noch freien Bauern immer weiter und immer schneller.

«Es werden noch mehr Kinder kommen», flüsterte das Mädchen. «Der Hunger treibt sie in die Stadt.»

Sie erzählte von anderen Gruppen, die ihr Versteck beim Hafen, am Rande der Arbeitersiedlung oder in der Vorstadt hatten. Sie alle lebten von der Hand in den Mund, und der Kuchen, den sie sich zu teilen hatten, wurde mit jedem Neuankömmling kleiner. Irgendwann wird es nicht mehr genug zu erbetteln geben, nicht genug Schuhe zu putzen, meinte sie. Aber wir haben nichts anderes zu bieten.

Der gute Junge

«Zu bieten?», flüsterte der Junge.

«Für die Erwachsenen. Im Tausch gegen ein Gut, welches nur sie besitzen.»

Der Junge rollte fragend mit den Augen und drückte einen Halm zur Seite. Es raschelte, und das Mädchen griff nach seiner Hand und führte sie flach zu Boden.

«Leise», sagte sie.

Draußen war dichter, grauer Nebel aufgezogen, und im Schuppen war es dunkel wie in einer mondlosen Nacht zur Wintersonnenwende. Das Mädchen sah es nicht, aber sie spürte, dass ihr Gegenüber über das nachdachte, was sie gerade gesagt hatte, und sie begann Pläne zu machen.

«Ihr habt nichts zu bieten?», flüsterte der Junge. Es war keine Frage im eigentlichen Sinne, sondern vielmehr der Beginn eines neuen Gedankens, weil der alte ins Leere gelaufen war.

«Wir nicht», sagte das Mädchen. Sie drückte die Hand des Jungen so zärtlich, wie es seine Mutter oft getan hatte. Dann hauchte sie: «Aber du.»

«Ich?»

«Erzähl mir von der Schule», sagte sie. «Aber leise.»

In ihrer Stimme lag eine Brise Aufregung, und der Junge dachte, dass er nun lange genug Zuhörer gewesen war, also begann er von der Lehrerin zu erzählen, den Schülern und dem Ort, wo das Wissen wohnt. Er sprach vom Lesen, Schreiben und Rechnen und von all den fantastischen Dingen, die in Büchern standen. Er schilderte, wie zäh seine Lehrzeit anfangs gewesen war und wie ihn die Lehrerin mit viel Geduld und Eifer an die Hand genommen hatte. Mit Erfolg. Er hatte sich fortan durch die Lektionen gewühlt wie ein nimmersatter Bücherwurm. Bis zu dem Zeitpunkt, wo ihn sein Glück verließ und er wieder auf der Straße landete. Irgendwann merkte der Junge, dass es nichts mehr zu erzählen gab.

Er vernahm ein flaches Schnaufen nahe an seiner Wange. Sie schläft, dachte er und schloss die Augen. Das Mädchen aber war wach wie ein Eule und schielte noch lange in die Dunkelheit. Ihr Plan, um durch den bevorstehenden Winter zu kommen, stand fest. Sie war zufrieden. Sie griff nach dem Beutel, den sie um den Hals trug. Wird es reichen, fragte sie sich.

«Es muss», hörte man ihre zarte Stimme in dem sonst totenstillen Heulager flüstern. «Es muss.»

KAPITEL 10

Das fünfte Gut

Der Tag begann mit einem Donnerschlag. Das ganze Industrieviertel bebte plötzlich, als sich lavaheiße Schlacke in ein Wasserbecken ergoss und alle Rohrleitungen auf vierhundert Fuß Länge platzen ließ. Im Schuppen war sofort alles wach. Draußen ertönte das Geschrei von Männern. Hektische Füße in schweren Arbeitsstiefeln rannten über den Vorplatz und die nahen Werksgassen hinunter. Dazwischen mischte sich das Heulen von Sirenen und das Schnauben von Pferden, die die randvollen Löschwagen heranzogen.

Die Kinder hatten den anfänglichen Schock schnell überwunden. So etwas geschah in regelmäßigen Abständen. Mal war ein Arbeiter Auslöser des Unglücks, mal gaben einfach die alten Rinnen nach, durch die das flüssige Eisen auf die jeweiligen Abflüsse zukroch. Das Mädchen wollte die Aufregung nutzen. Rasch verteilte sie die Arbeiten des Tages auf ihre Schützlinge und hangelte sich danach zu den Dachstreben hoch.

«Folge mir, Streuner», sagte sie. Dann kletterte sie durch die Lücke ins Freie. Als der Junge seinen Kopf nach draußen streckte, war das Mädchen schon fast am Fuße der Anhöhe angekommen und blieb dort winkend stehen. Eile steckt an, und so sprang der Junge mit drei beherzten Sätzen hinunter auf den Boden und setzte dem Mädchen nach. Sie ließen das Industrieviertel hinter sich und überquerten den Steg kurz vor Sonnenaufgang. Überall gingen nun die Fenster auf und es ertönte jenes seltsame Surren, das der Junge schon von der Vorstadt her kannte. Er wusste, was jetzt kommen würde. Die beiden Kinder liefen an den aschegrauen Schuhkartons vorbei, als bereits die ersten Angestellten aus ihren Häusern torkelten. Unter ihren Augen prangten tiefschwarze Ringe, und ihre Schultern baumelten schlaff an den Seiten herab, als hingen sie an losen Fäden. Wenig später erreichten sie einen engen Pflasterweg, folgten ihm bis zu einer Hinterhoftreppe und bogen an deren Ende abermals ab. Dort öffnete sich das Stadtbild wieder und das Mädchen lief nicht mehr, sie schlenderte an einer Auslagenfront vorbei bis zu einem bestimmten Schaufenster. Dort strich sie durch ihr Haar und zupfte ihre Kleidung zurecht. Sie war sehr hübsch. Dann nickte sie dem Jungen zu und trat in das Geschäft ein. Es klingelte und ein Mann in feinem Zwirn drehte sich in freudiger Erwartung des ersten Kunden zum Eingang hin.

Der gute Junge

«Meine Mutter schickt mich», sagte das Mädchen.

Sie wartete nicht auf die Begrüßung, sondern streifte den Beutel ab und klimperte damit. Danach zeigte sie auf den Jungen und erklärte: «Unser neuer Stallbursche. Ich soll ihn einkleiden.»

Der Mann im feinen Zwirn, der ein Schneider war, verstand sofort und geleitete sie in einen Nebenraum.

«Das gnädige Fräulein möge doch die Regale hier nach etwas Passendem durchsuchen», sagte er und ließ die beiden danach allein.

Das Mädchen wusste, was sie für den Jungen wollte. Im Nu hatte sie eine Hose, ein Hemd und einen dicken Mantel ausgesucht. Dann ging sie zu einer verborgenen Nische im Raum und zog den Vorhang zur Seite. Der Junge verstand noch immer nicht, welchen Zweck das alles haben sollte, aber er wusste, dass ihn ein Leinenhemd und eine kurze Hose nicht durch den Winter bringen würden. Winter, die ohne Ofen in der Ebene ebenso hart waren wie in den Bergen. Also tat er wie ihm aufgetragen und zog sich im Schutze des Vorhangs um. Als er dabei sein altes Gewand betrachtete, wie es zusammengefallen auf dem Boden lag, verschlissen und dreckig, tat ihm das leid. Er sah ein Stück von sich selbst auf dem Boden liegen. Warum kann man sich von Verschlissenem oft schwerer trennen als von Neuem, dachte er. Das ergibt keinen Sinn. Ich muss doch froh sein, etwas Neues zu bekommen und so beschloss er in diesem Moment, die Schneiderei ohne sein altes Hemd und die Lederhose zu verlassen. Und er beschloss auch, nie wieder daran zu denken.

«Etwas fehlt noch», sagte das Mädchen kurze Zeit später.

Der Junge stand frisch eingekleidet vor ihr, und er machte ein gutes Bild, aber nicht so gut, wie sie es gerne gehabt hätte. Sie steckte ihre Hände in die Taschen und betrachtete ihn mehrmals von Kopf bis Fuß. Dann wanderte ihr Blick zu den Regalen zurück.

«Natürlich», sagte sie leise.

Sie nahm eine Mütze vom untersten Regal und rückte sie auf seinem Kopf zurecht. Fertig. Er ist ein neuer Mensch, dachte sie. Die anderen werden ihn kaum wiedererkennen, aber jetzt ist genug. Die Münzen rinnen mir durch die Finger, bevor wir etwas verdient haben. Also zahlte sie und die beiden wanderten einen Straßenzug weiter, wo sie bei einem Schuhmacher ein gutes Paar Schuhe und Socken kauften. Dann waren die Vorbereitungen abgeschlossen. Die Stadt war mittlerweile zu vollem Leben erwacht. Wie im Plan des Mädchens vorgesehen. Sie hatte nun keine Hast mehr, denn der Ort, dem sie zustrebte, war weniger als einen Steinwurf entfernt, zumindest wenn man in der Lage gewesen wäre, die Läden der Handwerker mit einem Satz zu überspringen. Hinter den Läden ragte unübersehbar Glaspalast an Glaspalast in die Höhe. Scheinbar in den Fenstern eingeschlossene Sterne glitzerten unter der vollen Kraft der Morgensonne. Von den nassen Fassaden dampfte es weiß und stetig, und daran vorbei zogen Straßentauben den Plätzen und Speichern der Stadt zu. Für den Jungen hatte die Straße, in die sie bald eintraten, etwas Magisches. Nicht nur, dass die Bürgersteige breiter und in exakter Regelmäßigkeit durch gusseiserne Säulen begrenzt waren, alles an der fast endlosen Straße schien so viel erhabener, so viel imposanter als der Rest der Stadt. Selbst die kleinen Rasenflächen zwischen den Säulen wirkten freundlich, und die rund eingefriedeten Bäume, kahl vom großen Laubsterben des Herbstes, strotzten vor Saft und Kraft, und man hätte glauben können, sie würden jederzeit wieder zu blühen beginnen. Die Menschen in dieser Straße waren ebenfalls seltsam. Sie hatten keine Eile. Sie standen zu zweit oder in kleinen Gruppen beisammen und führten taktvolle Gespräche über das Wetter, das Geschäft und über die schönen Dinge des Zeitvertreibs. Sie hatten entweder von einer Sache sehr viel oder wollten noch mehr davon, und das ergab sich in aller Regel im Gespräch mit ihresgleichen. Unten an den Eingängen zu den Wolkenkratzern, auf den Bürgersteigen, wo man sich gerade zufällig traf oder in einem der vorzüglich geführten Straßencafés, die auch ohne die über die Sessel hängenden Lammfelle gemütlich gewesen wären.

Hier ist es, dachte das Mädchen. Hier neben dem zwanzig Stockwerke hohen Glasturm, der von den anderen um das Doppelte oder gar um das Dreifache überragt wird. Obgleich wir heute nicht hergestürmt sind, um zu vergleichen, was höher, breiter oder gar prachtvoller ist. Wir sind wegen einer Tafel hier, dachte sie, und auf diese zeigte sie nun und fragte den Jungen was darauf geschrieben stehe. Ein alter Mann hatte sie am Vorabend aufgestellt. Davor hatte er einen jungen Mann aus dem Gebäude gejagt. Der junge Mann hatte einen Anzug mit Mütze getragen, und eben diesen Vorgang hatte das Mädchen beobachtet, als es sich hungrig und müde von einem mageren Streifzug kommend zurück zum Versteck schleppte. Es mag Eingebung oder eine Ahnung oder bloß die nackte Hoffnung eines Mädchens gewesen sein, aber sie war danach nicht mehr hungrig und auch nicht mehr müde.

«Bote gesucht», sagte der Junge.

Ein Herr, der etwas abseits stand, hörte dies und spitzte die Ohren. Er tat so, als würde er seinem Gegenüber lauschen. In Wirklichkeit schwenkten seine Sinne zur Tafel, und er registrierte nüchtern ein ansehnliches Kinderpaar und verwarf den Gedanken, es könnten Geschwister sein, weil die Kleider des Mädchens doch etwas zu abgetragen wirkten.

«Also doch», wisperte das Mädchen.

«Und darunter?»

Sie zeigte auf das Kleingedruckte und tänzelte ungeduldig mit ihren Fingern in der Luft, in einer Art Klavierspiel für sich selbst, und der Junge las laut:

«1 Taler täglich.»

Dort stand noch mehr Kleingedrucktes, worauf der Junge auch das laut vorlas, und das Mädchen hörte zu, den Mund offen und die Daumen unter die Finger geschoben, und sie spannte ihre Glieder fest an, bis sie mehr Säule war als Kind. Ihre Augen strahlten, und der Junge verstand. Ganz ausgeschlossen, dachte er. Niemals würden die Geschäftsleute im Glasturm einen Ausreißer aufnehmen. Einen frisch eingekleideten Ausreißer. Ja. Nur der Stoff verbirgt nicht, woher ich komme und was ich hinter mir habe. Viel eher gehe ich Schuhe putzen, wie

Der gute Junge

die anderen, oder ich setze mich an eine Ecke mit dem Becher in der Hand, sage kein bettelnd Wort, damit ich mir einreden kann, ich würde meinen Stolz behalten, und wenn jemand einen Pfennig gäbe, so täte er es aus freiem Entschluss und nicht wegen eines wehklagenden Kindes. Ja, dachte er, lieber gehe ich betteln. Lieber durchstöbere ich die Märkte, die Gassen und alles, wo sich der Abfall der Stadt sammelt. Aber als Botenjunge arbeiten, inmitten dieser edlen Herrschaften? Ausgeschlossen.

«Nichts ist ausgeschlossen», sagte ich. Ich kannte ja das Spiel der Ausreden, wonach der einen sofort eine zweite folgt und die übrigen sich vermehren wie Stechmückenlarven in faulem Wasser. Und ich kannte das Geräusch, das danach kommt. Der Junge kannte es auch, aber er hatte es verdrängt, als er Tag für Tag studierte und Bücher las und schrieb und dann wieder las, abgeschottet vom Rest der Welt, in dem Glauben verankert, er sei sicher in seinem Nest. «Frag doch die Schlange, die Katze oder von mir aus den Kuckuck, wie sicher ein Nest ist», sprach ich. «Sie werden es dir sagen und höhnisch grinsen. Und der Oberlehrer, was hielt der von Nestern unter seinem Dach?»

Der Junge schwieg. Es war ihm auf einmal ganz scheußlich zumute. Und hätte ich etwas Böses geahnt, tauchte sie plötzlich auf. Meine ewige Widersacherin. Sie hatte sich versteckt gehalten, über all diese Zeit, und dort, irgendwo im kaltfeuchten Erdreich, ihre Wunden geleckt. Aber sie hatte die Niederlage an dem Tag, an dem wir den Ort des Wissens fanden, nicht vergessen. Damals, als sie über ihre eigene Zunge fiel, sich aufraffte und floh wie ein Lump. Das wollte sie dem Jungen heimzahlen, und es wäre ihr ein Leichtes gewesen, weil jedermann weiß, wie sehr einen angstfreie Zeiten schwächen. Ich wusste: Schwäche war für die Kröte das Elixier, durch das sie gedeihte. Sie konnte gar nicht genug davon kriegen.

Der Junge zuckte nervös, als knochige, dreigliedrige Finger hinter der Tafel zum Vorschein kamen, und einer nach dem anderen den Rand der Tafelvorderseite umschloss. Dem folgte langsam und theatralisch der Kopf mit seinen warzigen Hautdrüsen, aber nur bis zur Hälfte. Der Junge sah das Rot in dem einen elliptischen Auge und sein Magen rebellierte. Es ist zu viel, dachte ich. Der Ort, die neuen Kleider, der ganze Prunk und die Verpflichtung gegenüber dem Mädchen, die der Junge einzulösen hatte, gleichwohl ihm die Vorstellung fehlte, was das bedeuten würde. Das alles ist zu viel.

Das Mädchen fragte: «Was hast du denn?

Der Junge hörte es nicht.

Er fixierte die Tafel und das Krötenauge und sah im Hintergrund die Konturen des Glasturms. Die Kröte öffnete ihren Mund einen Spalt weit und sog Luft in ihre Lungen. So viel sie konnte und in Vorbereitung dessen, was ihre stärkste Waffe war. Langsam, aber stetig blähte sich ihr Körper auf. Ich war schon dabei, alle Heiligen, Helfer und Beschützer und alles, was gut und gütig war, anzurufen, aber es blieb still.

Dann sagte das Mädchen: «Was fehlt dir?»

Der Junge dachte kurz an die Flucht, doch bevor der Gedanke die Tat gebar, ertönte eine Männerstimme.

«Tauschen?»

Der gute Junge

Das Mädchen erschrak und trat einen Schritt zur Seite. Dann erkannte sie, dass der Blick des Mannes auf den Jungen gerichtet war.

«Bist du zum Tauschen hier?», fragte der Mann und wunderte sich, warum der Junge den Rand der Tafel fixierte. Was auf der Tafel geschrieben stand, hatte er vorhin so flüssig und fehlerfrei vorgelesen, wie es manche Erwachsene nicht im Stande waren. Das wiederum hatte die Aufmerksamkeit des Mannes geweckt. Er sah zuerst das strahlende Mädchen und dann die sich verdunkelnde Miene des Jungen, und er wusste, wie auch sonst immer, er müsste sich bewegen. Er ließ seinen Gesprächspartner wortlos stehen und kam unbemerkt herüber. Bis an die Seite des Jungen. Aber dieser reagierte nicht, und der Mann dachte, es bliebe nur eines zu tun, und das tat er auch. Er schob sich zwischen Jungen und Tafel und beugte sich nach unten, bis seine Augen die des Jungen trafen.

Die Kröte stockte und verfluchte den starken Rücken, der plötzlich ihren Blick auf die Schwäche versperrte. Sie hatte sich aufgebläht mit aller hassgetriebenen Kraft, und immer weiter aufgebläht, bis ihre ganze Hülle zum Zerreißen gespannt war. Aber ohne Opfer bekam sie keinen Laut heraus. Die Kröte bebte, schnappte nach Luft und bebte daraufhin noch stärker, bis sie mit einem lauten Knall zerplatzte. In diesem Moment erwachte der Junge. Wie aus einem bösen Traum. Er blinzelte und blickte in zwei gütige Augen und sah einen schmalen, wohlgeformten Mund, der sich öffnete und fragte: «Du bist doch zum Tauschen hier, richtig?»

Der Junge schüttelte sich, als wolle er alles Krötenhafte von sich abstreifen. Er gewann die Beherrschung zurück und sah nun auch den ganzen Mann, seine breiten Schultern und das taillierte Jackett sowie die gleichfarbige Weste mit der goldenen Uhrenkette. Der Mann ließ sich Zeit. Er sagte:

«Heute ist ein guter Tag.»

«Ein guter Tag?», fragte der Junge.

«Für einen Tausch.»

«Einen Tausch?»

«Ja», sagte der Mann. «Das, was du hast, gegen das, was du willst. Im Grunde ist das ganze Leben ein Tausch. Ständig tauschen wir dieses gegen jenes, und am Ende unserer Tage wird sich zeigen, wer ein guter Händler war und wer nicht.»

Der Junge wurde neugierig.

«Kannst du mir bieten, was auf der Tafel steht?», fragte der Mann. Er wusste, wer so las, konnte in aller Regel gut schreiben und sicherlich auch rechnen, und wer das in so frühem Alter konnte, war etwas Besonderes.

«Das kann ich», antworte der Junge. Er grinste verlegen und verstand nun, was das fünfte Gut war. Und er verstand auch, warum ihn das Mädchen hergeführt hatte. Der Mann erhob sich unterdessen. Er zückte einen Taler und nickte.

«Dann folge mir», sagte er. «Folge mir und wir beschließen unseren ersten Tausch. Dein Wissen und deine Zeit gegen Geld. Dein Wissen und deine Zeit gegen einen Taler täglich.»

Der gute Junge

Der Junge sah nach dem Mädchen, und sie nahm seine Hand und streichelte sie. «Geh», sagte sie und ließ seine Hand aus der ihren gleiten und griff sich an die Wangen in unbändiger Freude für ihn, für sich und für alle ihre Freunde. Es war ein guter Tag. Ein Tag, der mit einem Donnerschlag begann und schließlich durch einen Knall neue Hoffnung erfuhr. Sie sah dem Jungen freudig nach, wie er in das Bankhaus eintrat. Der Herr ging voraus, und alle Menschen, denen er begegnete, verbeugten sich vor ihm. Schwere Eichentische und ebenso schwere Eichenstühle säumten die Schalterhalle an beiden Seiten entlang bis zu einer Prunktreppe, auf der sie nach oben stiegen. Dort hingen Portraits von Männern. Sie hatten alle den gleichen, schmalen Mund und waren in einer Art und Weise gemalt, als hätten sie Großes geleistet. Der erste Stock und alle weiteren darüber waren im Grunde Kopien der Schalterhalle, und überall wimmelte es von Menschen in Anzügen und Kostümen. Sie trugen Zettel hin und her und riefen sich Zahlen und Phrasen zu, ganz so, als wäre das gesprochene Wort zu einem kleinen Rest hochverdichteter Begriffe verkommen.

«Sie tauschen», erklärte der Mann. Er zwinkerte.

«Je besser sie es tun, desto reicher werden sie und ich.»

«Obwohl …», sagte er und griff sich dabei an die Brust, etwa dort, wo das Herz verborgen liegt, «obwohl Geld nicht das wichtigste Gut ist, das wir haben. Aber ich sagte schon: Erst am Ende unserer Tage wird sich zeigen, wer ein guter Händler war und wer nicht.»

KAPITEL 11

Warte auf den Sturm

Wachse oder weiche, wachse oder weiche, wachse oder … Der Junge schlug die Lider auf, und das Hallen in seinem Kopf erstarb. Draußen war es stockfinster und kalt. Er zog die Beine an und hörte das Stroh rascheln. Ein wenig würde er noch ruhen können, um für den langen Marsch in das Bankenviertel Kraft und Wärme zu tanken. Er stand für gewöhnlich früher auf als die anderen. Er hatte dadurch Zeit, über den alten und den neuen Tag nachzudenken. Und wenn es mal nichts zu denken gab, lauschte er den Atemzügen seiner Freunde, mit denen er alles teilte und die ihm so nahe waren wie seine Familie.

Sie waren bisher gut durch den Winter gekommen, trotz aller Widrigkeiten. Der Junge brachte nun sechs

Der gute Junge

Taler die Woche ins Versteck zurück, und selbst an den Sonntagen, an denen nicht gearbeitet wurde, half er, wo er nur konnte. Das Mädchen hätte kein Faulenzen geduldet, und selbst wenn, war es ungeschriebenes Gesetz unter den Kindern, nicht zu ruhen, bis alle Arbeiten erledigt waren. Mit Erfolg. Noch vor den ersten Schneeflocken hörte das elendige Frieren auf. Nicht etwa, weil sich der Winter milde zeigte, sondern weil nun jedes Kind ein gutes Paar Schuhe und einen dicken Mantel samt Schal, Mütze und Fäustlingen sein Eigen nennen durfte. Zu essen gab es auch genug. Das weckte die Lebensgeister, und die Kinder taten, was alle Kinder zu allen Zeiten am liebsten getan haben. Sie sprangen und tollten und kletterten in ihrem Versteck herum wie kleine Kätzchen, und wurde es zu laut, so schritt das Mädchen beherzt ein und sorgte wieder für Ruhe. Sie blieben unbehelligt über all die Monate, hier in ihrem unscheinbaren Strohschuppen, inmitten der Hochöfen und Eisenwerke. Alle hofften, es würde noch lange so bleiben.

Der Junge vernahm ein Rascheln und wusste, dass es Zeit war. Er befreite sich aus seinem Nest und zog den Mantel an, der ihm beim Schlafen als Decke diente. In der rechten Tasche steckte die Mütze. Er ertastete sie und stülpte sie über sein wuscheliges Haar bis hinunter zu den Ohren. Dann zog er aus der linken Tasche seinen Schal hervor, band ihn in drei satten Schlägen um den Hals und schob die beiden Enden unter den Mantelkragen. Die Schuhe brauchte er nur festzuzurren. Seine Zehen hatten sich an die Wärme gewöhnt, aber das raue, kalte Pflaster nicht vergessen. Zum Schluss beugte er sich zum Mädchen hinunter und drückte sie ganz sachte zwischen Schulter und Hals. Dann watete er durch das Stroh zur Wand hin und kletterte ins Freie.

Dort schielte er auf den leeren Platz und setzte sich in Bewegung. Der Boden knirschte unter seinen Schritten. Er mochte die Kälte neuerdings. Ihm gefiel die Art und Weise, wie das Wasser in der Nase gefror, bevor es zur Nasenspitze rann. Und vor allem gefiel ihm, wie er auch diese Stelle mit einem Handgriff verhüllen konnte, jetzt, wo er gegen alle Tricks des Winters gewappnet war. Die in die Höhe stiebenden Funken der Eisenglut und der helle Klang der Maschinen begleiteten den Jungen bis zum Flussübergang. Er kannte jeden Schleichweg und mied die Arbeiter und Kettenhunde und die Kutscher der Fuhrwerke, die schwer mit Koks und Erz beladen von den Entladestellen der Frachtkähne heraufzogen. Erst hinter dem Steg fand er sich unter seinesgleichen und schwamm mit der uniformen Menge mit, bis er kurz nach Tagesanbruch das Bankhaus betrat.

Der Chef und gleichzeitig Besitzer dieses und noch vieler anderer Hochhäuser in der Stadt – alle nannten ihn bloß den *Bankier* – kam erst nach dem Mittagessen in die Bank, um nach dem Rechten zu sehen. Sein Gesicht war blutleerer als sonst, und der Junge fragte sich, ob etwas nicht stimmte. Als der Bankier ihn sah – der Junge hatte einen Packen Zettel unter den Arm geklemmt – bat er ihn, mitzukommen. Wenig später saßen sie im Büro, und der Bankier ließ zwei Tassen Tee, Zucker und einen Teller voller Plätzchen bringen, den er, ohne sich selbst davon zu nehmen, dem Jungen hinschob.

«Wie lange arbeitest du schon als Bote für mich?»

Der Junge nahm seine Finger zu Hilfe und sagte: «Einhundertsechsundzwanzig Tage, Herr.»

«Das weißt du so genau?»

Der Junge schwieg.

«Und wie viel hast du bisher verdient?»

«Einhundertacht Taler», kam es postwendend zurück. «Den heutigen Tag nicht eingerechnet.»

«Ein kleines Vermögen. Nicht?»

Der Junge nickte.

«Aber du verwendest es nicht für dich selbst, richtig?»

Der Junge nickte abermals.

«Siehst du …», sagte der Bankier und nahm sich doch ein Plätzchen, welches er stumpf zerkaute und dazu kleine Schlückchen des ungesüßten Tees trank. «Es gab einmal eine Zeit, und es gab einmal einen Menschen, dessen Namen ich trage …» Er sah ein lebensgroßes Portrait an. Es hing zu seiner Rechten. Dann fuhr er fort: «Es gab einmal einen Menschen, der die Dinge ähnlich hielt wie du, und dieser Mensch hat all das hier begründet.»

Der Butler kam herein, verbeugte sich und goss etwas Tee nach. Der Junge nutzte die Unterbrechung und half sich zu etwas Süßem.

«Er hat sich verewigt», sagte der Bankier, «er hat sich verewigt, und ich darf es verwalten. Ein guter Tausch?»

«Ich denke schon», antwortete der Junge.
Der Bankier lächelte.
«Ich denke schon?»
Wenn er wüsste, wie sehr ich ihn beneide, dachte der blasse Mann. Wenn er nur wüsste, wie sehr ich ihn um seine Jugend beneide, seine Gesundheit und um seine Zeit. Ich wünschte, ich hätte besser getauscht bei den Tausenden von Gelegenheiten, die ich hatte, aber ich war von der Gier getrieben und blind wie ein Süchtiger. Der Wolkenkratzer meines Vaters war mir nie genug. Ich wollte noch einen und einen dritten und auch den daneben, und jetzt bin ich einer von vielen, die niemals genug bekommen können, um ihr leeres Innere zu füllen.

Der Junge spürte die ganze Traurigkeit des sagenhaft reichen Mannes, der seine Herzensschwere mit einem Lächeln zu kaschieren versuchte. Da trat der Butler abermals ein und meldete höflich, aber ernst, dass ein wichtiger Kunde im Salon warte. Es kostete dem Bankier einiges an Überwindung, sich vom Sessel zu erheben. Am Ende tat er es widerwillig und wusste gleichwohl, dass die nächste Stunde eine verlorene sein würde. Er nahm einen Ordner zur Hand, schlug ihn an einer markierten Stelle auf und notierte etwas auf einem Zettel. Dann schlug er den Ordner wieder zu und bat den Butler, er möge den Kunden einlassen.

Dem Jungen zugewandt sagte er: «Nimm dir den Rest des Tages frei und denke über einen Tausch nach, der es wert ist.»

Der Junge griff sich an die Mütze und ging.

Der gute Junge

Kurz bevor er die Türschwelle erreichte, hörte er ein Kommando: «Hey, fang!»

Der Bankier schnippte einen Taler in hohem Bogen zur Tür hin, und der Junge, geistesgegenwärtig und mit einer großen Portion Glück ausgestattet, riss ihn aus der Luft mit seiner freien Hand und lachte keck, und auch der Bankier freute sich, herzhaft wie ein Kind, dem ein Kunststück gelungen war.

Der Junge ließ den Taler in seine Manteltasche gleiten, hob die Hand an die Mütze und blinzelte fröhlich. Dann machte er kehrt und prallte gegen einen monströsen Wanst.

«Du Lümmel, pass doch auf, wo du langläufst», quietschte es scharf.

Der Packen Zettel fiel zu Boden und zerstob in Chaos. Der Junge griff danach, obwohl das Unglück schon geschehen war. Da schob ihn eine grobe Hand zur Seite, und er sah einen mächtigen runden Schatten vorbeiziehen. Es roch nach Tabak.

«Oh, mon dieu!», rief der Butler, sprang herbei und half, die Zettel vom Boden aufzulesen. «So ein Unglück», fügte er an, «der gnädige Herr möge es verzeihen.»

«Verzeihen?», quietschte es abermals. «Ich bin zum Geschäftemachen hier, nicht zum Verzeihen. Wo kämen wir da hin?»

Der Bankier sagte kein Wort. Er rümpfte bloß die Nase und fragte sich, ob sein Besucher, der mit jedem Treffen fülliger zu werden schien, noch in den Sessel passen würde. Ein bejahendes Ächzen ertönte, und die

Sesselbeine bogen sich zur Seite, aber sie hielten stand. Dann griff die grobe Hand in ihren Gehrock und zog etwas hervor. Es glänzte. Es glänzte so stark, dass der Junge kurz aufsah, und es traf ihn wie eine Lanze mitten durch das Herz, und er ballte die Fäuste. Er ist es, dachte der Junge – der Magnat. Der Unglücksbringer für so viele. Er hat meine Welt zerstört und thront hier in seiner ganzen Selbstherrlichkeit, als sei nichts gewesen. Als wäre es ihm gleich, wessen Glück er als Nächstes vernichtet.

Nur der Butler bemerkte die unheimliche Spannung, wie sie vom sonst fröhlichen Botenjungen ausging. «Komm», sagte er leise und zog das Kind nach draußen. Dann verbeugte er sich vor den beiden Herren, die ihn nicht beachteten, sondern schon mitten im Gespräch steckten, und schloss die Tür. Ein wenig abseits stand ein gepolsterter Hocker, und der Butler zeigte darauf und meinte zum Jungen, er solle doch in Ruhe seine Unterlagen ordnen. Das tat er auch. Er tat es, weil es ihm sein Instinkt befahl, und obwohl die Stimme des Magnaten so wohltuend war wie quietschende Kreide auf einer Tafel, musste er wissen, was im Raum gesprochen wurde.

«Mein Lieber, Sie haben zu eng kalkuliert», hörte er den Bankier sagen.

Etwas donnerte auf den Tisch. Zweimal. Es mögen schwere Aktenordner gewesen sein oder eine Faust, die abstritt, einen Fehler gemacht zu haben.

«Ich habe noch nie einen Fehler gemacht», sagte der Magnat. «Sehen Sie sich die Warenflüsse an. Man reißt es mir förmlich aus den Händen.»

Der gute Junge

«Aber Sie zahlen drauf. Bei jedem Sack Mehl, für jedes Pfund Käse, zahlen Sie drauf.»

«Nicht mehr lange», versicherte der Magnat und lachte höhnisch. «Das Frühjahr kommt und mit ihm die Profite. Und wenn ich es aus den Bauern rausquetschen muss, und das werde ich mein Lieber, das werde ich. Dann bleibt genug, um die Raten zu begleichen.»

«Auch die Raten vom letzten Jahr?», fragte der Bankier.

«Auch die Raten vom letzten Jahr.»

«Auch die Raten vom vorletzten Jahr?»

«Sie ...», polterte es, und der Junge spürte einen teuflischen Hass, der durch das Holz und das Mauerwerk drang und sich im Bankhaus verbreitete wie ein böser Geist. «Passen Sie bloß auf. Wenn ich untergehe, gehen Sie mit.»

Der Magnat räkelte den mächtigen Oberkörper empor und hob sein Kinn in Richtung des Portraits zu seiner Linken. Es zeigte den Urgroßvater des Bankiers.

«Sie werden ihn doch nicht enttäuschen», sagte er und grinste zynisch.

Der Bankier schnappte nach Luft. Er spürte etwas in seiner Brust zerbrechen, und für ein paar Sekunden meinte er, es wäre aus. Dann schloss er die Augen und sackte in den weichen Lederbesatz des Stuhls. Er hatte es satt, zu streiten. Er hatte es satt, nur des Geldes willen grob zu sein und unflätig und manchmal auch hinterlistig, und es widerte ihn an, wie sehr sich alle schlechten Dinge die Hand gaben, wenn es um viel Geld ging. Atme tief ein, dachte er. Atme tief ein und lasse das Schlechte entweichen, bis der Schmerz in deiner Brust erlischt. Das ist der einzige Tausch, den du jetzt machen kannst. Der einzige Tausch, der es wert ist. Der Bankier ließ sich Zeit. Er öffnete zwar die Augen, und es schien, als schenke er dem Gegenüber seine volle Aufmerksamkeit, aber das tat er nicht. Er besann sich einzig und allein auf den Schmerz und spürte, wie er verklang. Anders als der Magnat, der gerade dabei war, sich in Rage zu reden. Das Landvolk müsse man zu ihrem Glück zwingen, weil sie ungebildet seien und ohne Ambition. Von diesem Glück, so sagte er, hätte er genaue Vorstellungen. In Frage käme nämlich nur ein Leben in Knechtschaft, wo jemand anderes für sie denke und sie lenke, damit ihr Dasein auch etwas nütze. Er sprach von Quoten, von härteren Abgaben und vor allem von niedrigeren Löhnen, sobald er die letzten freien Bauern zermürbt habe. Dann seien die Täler und alle Menschen darin von ihm abhängig. Er grinste und rieb Daumen und Zeigefinger aneinander.

«Es wird Geld regnen, mein Lieber. Viel Geld.»

Er nahm eine Zigarre aus dem Etui und steckte sie an. Kurze Zeit später stieg Rauch zur Decke empor und sammelte sich dort. Der Bankier störte sich am Tabak, also ging er zum Fenster hin, öffnete es und ließ kalt-trockene Luft herein. Es roch nach dem Ende des Winters. Von der geschlossenen Wolkendecke zu Mittag war nichts mehr übrig. Hier und da standen ein paar graue Streifen am Horizont, aber davon abgesehen präsentierte sich der Himmel in seinem schönsten Kleid. Die Bürgersteige flossen vor Menschen regelrecht über,

Der gute Junge

und selbst auf der Straße, sonst den Rädern vorbehalten, drängten sich die Städter. Den Bankier packte die Unternehmungslust. Ich lasse die Kutsche vorfahren, dachte er. Ich lasse die Kutsche vorfahren und fahre raus zum Fluss, oder gar noch weiter, wo keine Seele ist und mir niemand den Tag verderben kann. Dort will ich dann den Himmel beobachten und dem Wind lauschen, wie er das Schilf bewegt, und nichts anderes will ich denken oder tun. Bis zum Abend. Der Bankier war plötzlich sehr zufrieden mit sich und allen Dingen um ihn herum. Er sagte:

«Ich gewähre einen letzten Aufschub.»

Der Magnat nickte.

«Einen Aufschub bis zur Jahresmitte.»

Der Magnat riss die Augen auf. Er wusste nur zu gut, dass sein ganzer Reichtum auf Schulden gebaut war.

«Wie? So bald?», stotterte er.

«Ja», sagte der Bankier und schritt zur Tür hin, ohne sich noch einmal umzusehen. «Wenn nicht, pfände ich ihre Villa, die Fabriken, den Handelsposten und alles, was ich bislang finanziert habe. Darauf mein Wort.»

Der Magnat bebte, aber er blieb stumm. Er drückte seine halb verglimmte Zigarre aus und betrachtete das Portrait. Er dachte über böse Dinge nach. Dinge, deren tieferer Sinn es war, seine Macht zu sichern. Koste es, was es wolle. Und diesen Leitspruch, den er immer mit sich führte, eingeschlossen in einem Herzen, das längst nicht mehr aus Stein geformt war, sondern aus etwas Dunklem und Hartem ohne Namen, den wisperte er nun in einer scheinbar endlosen Schleife. Es dauerte eine Weile, bis der Butler zurückkam. Der Bankier war bereits abgefahren und bog gerade in die Straße ein, die zur Kathedrale und von dort aus nach Osten zu den Auen führte. Er würde seine rechte Hand frühestens am Abend benötigen und hatte ihm aufgetragen, die Kundschaft hinauszubegleiten.

«Kann ich noch etwas für Sie tun, werter Herr?», sagte der Butler wenig später.

Er verbeugte sich unterwürfig, weil er hoffte, die schlechte Laune des Gastes zu mildern.

«Meine Kutsche», entgegnete dieser. «Sofort!»

Dann stand er auf, spuckte auf den Boden und stampfte kerzengerade zur Stiege hin. Er sah weder den Jungen noch die Angestellten noch die alte Dame, die er beim Weg nach draußen anrempelte. Er sah nur eine lange Schlange von zerlumpten Gestalten mit kahlgeschorenen Köpfen. Er sah, wie sie auf den Feldern schufteten, wie sie schwere Säcke schleppten und wie manche von ihnen unter der Last zusammenbrachen. Das tat ihm gut, und er wusste, wenn er etwas so deutlich vor sich sah, würde es Wirklichkeit werden. Nur das würde ihn die nächsten Wochen und Monate beschäftigen. Nur das allein würde ihm die dringend notwendigen Profite bescheren.

Ich habe genug gehört, dachte der Junge. Genug, um zu wissen, was meiner Familie und den Familien meiner Freunde bevorsteht. Er drückte dem Butler den Packen Zettel in die Hand und sprach ein dankbares «Lebewohl». Die Zeit eilt, dachte er. Und weil sie so

Der gute Junge

eilt, kann ich nicht hierbleiben und etwas eintauschen, das schlagartig mehr wert geworden ist als das, was ich dafür bekomme. Also verließ er das Bankhaus und ging nach draußen.

Ich fragte: «Was wirst du jetzt tun?»
Der Junge blieb stumm.
«Was kannst du tun?»

Der Junge schüttelte den Kopf. Er strich durch ein Gebüsch, brach einen Zweig ab und klemmte ihn zwischen die Zähne. Das spitze Ende glitt langsam hin und her, und der Junge ging weiter. Er dachte an den Magnaten und die erste Begegnung mit ihm. *Wachse oder weiche* hatte er gesagt und damit einen Albtraum heraufbeschworen, der den Jungen seitdem nicht mehr losgelassen hatte. Wachse oder weiche. Das ist unser aller Los, wenn wir uns nicht wehren und wachsen, bis wir groß genug sind, um unsere Sterne selbst zu ordnen. Aber wie soll ich mich wehren, dachte der Junge. Wie soll sich ein Kind wehren? Mit einem Taler in der Tasche, der schon bald gegen Brot getauscht wird? Wehren als jemand, der sich nächtens in einen Schuppen verkriechen muss, um nicht zu erfrieren? Wehren, wenn der Wille da ist, aber alles andere fehlt?

«Keineswegs», sagte ich. Ich hatte genug Mangel auf Erden gesehen, aber noch mehr hatte ich Menschen gesehen, die blind gegenüber den Dingen waren, die sie reichlich besaßen. Die Spitze des Zweiges stoppte. Dann schwang sie von neuem los, und zwar etwas schneller als zuvor, und der Junge dachte sehr angestrengt an eine bestimmte Sache.

«Und vergiss nicht», fuhr ich fort. «Die Zeit nimmt den Schmerz und sie nimmt die Not. Wenn du es richtig anstellst, wird all das irgendwann nicht mehr sein als eine Bettgeschichte für deine Sprösslinge.»

Der Junge hatte sich auf eine Bank gesetzt. Es war Mittagszeit, und die Straße glich einem Ameisenbau. Die Sonne schien direkt auf Haupt und Schultern, und er spürte die Wärme unter seinen Mantel kriechen. Bald würde es Frühling werden. Die Knospen der Bäume schliefen zwar noch, aber eine Woche gutes Wetter und sie würden zum Leben erwachen. Die Menschen strömten aus den Hochhäusern. Ihre Mägen knurrten. Sowie sie auf die Straße traten, hielten sie ihre winterblassen Gesichter in das Licht und schlossen für einen Moment die Augen. So viele Menschen, dachte der Junge. So viele unter vielen mehr. Ob es einer von ihnen mit dem Magnaten aufnehmen kann? Und wenn? Wie würde er es anstellen?

Der Zweig zog seine Bahnen, und die Bilder wurden klarer. Er würde mehr von seinesgleichen um sich scharen, dachte der Junge. Mehr von denen, die gleich fühlen, gleich handeln und das Gleiche wollen. Er sah das Mädchen und ihren Bruder. Er sah den Waisenbub und die kräftigen Kerle, die seine Freunde waren. Und er sah die Scharen von namenlosen Kindern. Ausgerissene und Vertriebene, weil ihr Schicksal es so wollte. Ja, dachte der Junge, ich bin nicht allein. Ich mag arm sein, aber ich bin nicht allein, und weil ich viel gelernt habe in der Stadt, aus den Büchern, die ich las, und von den Menschen, die ich traf, weiß ich von vielen Dingen reichlich genug, um das Schicksal zu wenden.

Meines und das ihre. Aber eine Sache fehlt noch, dachte er. Eine einzige wichtige Sache fehlt noch.

Ein Mann ging vorbei. Er hielt ein Buch in der Hand und überquerte die Straße zwischen zwei gemächlich dahintrabenden Gespannen. Auf der anderen Seite blieb er stehen und lehnte sich gegen einen frisch gepflanzten Baum. Als er das Buch aufschlug, glänzten die weißen Seiten im Mittagslicht, und er begann zu lesen. Der Junge nahm den Zweig aus dem Mund. Er fragte sich, welche Geschichte der Fremde wohl vor sich hatte. Es gab viele Geschichten, aber am liebsten waren dem Jungen stets die Märchen der alten Lehrmeister gewesen. Jene Texte, die mit wenigen Worten vieles zu sagen vermochten. Und als er den Mann betrachtete und das Buch und den Baum und die geschlossenen Knospen, kam ihm ein Märchen in den Sinn, das er an seinem letzten Abend hoch oben in der Bibliothek gelesen hatte. Es war die Geschichte von der kleinen Eiche, und sie lautete so:

Es war einmal vor langer Zeit, eine kleine Eiche, die in einem unberührten Wald stand. Um sie herum streckten sich die prächtigsten Urwaldriesen empor und raubten ihr Licht und Regen. Die kleine Eiche fristete ein karges und einsames Dasein. Niemand beachtete sie. Schon gar nicht im Frühling, wenn alles aufs Neue um Größe und Pracht wetteiferte.

Eines Tages ging ein schwerer Hagelsturm auf das Waldreich nieder und beraubte die schönsten Bäume von Blatt und Frucht. Durch den schutzlos gewordenen Wald brauste sodann ein heftiger Sturm, mit schweren

Folgen für seine Bewohner. Jene Bäume, die nicht sofort aus dem Boden gerissen wurden, zerbrachen astknirschend unter der schieren Kraft der Naturgewalt.

Rings um die kleine Eiche herum stürzten die todgeweihten Riesen zu Boden. Sie aber stand, dem eigenen Ende ins Auge sehend, wacker da und ließ das zerstörerische Werk über sich ergehen.

Als nach drei Tagen die ersten Sonnenstrahlen durch das Wolkenmeer brachen, offenbarte sich das ganze Unglück. Das vormals stolze Waldreich lag bis zum Horizont danieder. Zerschmettert und zerborsten. Nur die kleine Eiche ragte noch aus den Trümmern hervor.

Plötzlich begann sie ein gleißendes Licht zu umschließen, und sie spürte, wie die Feuchte aus der Erde stieg und ihre zarten Wurzeln benetzte. Sie zögerte nicht, sondern räkelte sich nach allen Seiten und trieb ihre Wurzeln tiefer in den Grund.

Zehn Jahre später ward aus der kleinen Eiche ein ansehnlicher Baum geworden. Und hundert Jahre später stand sie schließlich als unangefochtene Königin an der Spitze aller Lebewesen im wiederauferstandenen Waldreich. Prächtig, mächtig und stolz wie noch kein Baum zuvor.

Und was lernst du aus alledem? Nun, ich will es dir sagen: Warte auf den Sturm und sei bereit dafür.

Denn nach dem Sturm kommt deine Chance.

Der Junge erinnerte sich an das Märchen, als wäre es gestern gewesen. Er kniff die Augen zu und biss auf den Zweig.

Der gute Junge

«Warte auf den Sturm …», murmelte er. «Warte auf den Sturm und sei bereit dafür.»

Der Mann auf der anderen Straßenseite schlug sein Buch zu und verschwand in einer Kutsche. Zurück blieben der Baum und die Knospen. Sie waren alle noch geschlossen, bis auf eine. Auf dem am weitesten nach oben ragenden Ast blitzte plötzlich etwas auf. Es war von mattweißer Reinheit, und der Junge freute sich. Er stand von der Bank auf und schlenderte die Straße hinab.

Er sprach: «Nach dem Sturm kommt meine Chance.»

Und der Sturm kam tatsächlich. Er kam ohne Vorwarnung, und die Menschen zitterten unter seiner Herrschaft. Der Sturm kam und trug etwas im Gepäck, das dem Jungen noch gefehlt hatte. Der Sturm kam und ging, und am Ende war alles anders.

KAPITEL 12

Die Mühe trägt Früchte

Der Kahn trieb zum Kai hin, hoch im Wasser, und die Bergleute standen darauf in Reih und Glied, und ihre Köpfe waren kahl und geknickt. Am Ufer warteten die Dockarbeiter auf die Leinen, und als sie kamen, zerrten sie daran mit voller Kraft und zogen das Schiff aus der Strömung heraus und hin zur Kaimauer. Die Träger, Treidler, Wagenführer und die Männer von der Aufsicht warteten schon den ganzen Morgen auf ihr Tagwerk. Sie alle staunten nicht schlecht, als sich grau-blasse Gestalten vom alten Kahn hievten und in der Menge verschwanden. Niemand sprach ein Wort, aber alle fragten sich, wo denn das Erz bleibe. Dann tauchte ein zweiter Kahn auf, der ebenso gemächlich herantrieb, und alle waren sich einig, es werde gleich beginnen. Die Träger schulterten ihre Körbe, aus denen noch der Staub des gestrigen Tages rieselte. Die Treidler machten das Gurtzeug bereit. Die Wagenführer zogen ein paar Riemen nach, und die Männer von der Aufsicht blätterten ein letztes Mal die Listen durch.

Aus dem zweiten Kahn ergossen sich die gleichen grauen Gestalten, und auch der dritte und vierte und alle Kähne, die danach kamen, brachten nur Elend, und am Abend standen nur mehr die Hartnäckigen am Ufer und spähten den Fluss hinauf. Der Rest hatte sich in die Kneipen verzogen, wo sie witzelten und so taten, als wäre alles beim Alten, als wäre dies nicht der Beginn einer schweren Wirtschaftskrise. Morgen würde es schon wieder weitergehen. Sie tranken auf ihr Wohl, weil ihnen nichts Besseres einfiel, und sie tranken über Maßen, weil sie Angst vor etwas hatten, das sie nicht verstanden.

Draußen erstarb der rote Schein. Unmerklich zuerst, aber als es auf Mitternacht zuging, glühten auch die großen Hochöfen langsam aus und die schwarze Luft legte sich auf das Land. In den Kneipen wurde es still.

«Was nun?»

Das Wispern kam aus der Ecke. Man weiß nicht mehr von wem, aber es kam aus der Ecke und griff um sich wie die Pest. Die arbeitslos gewordenen Männer hielten es in den engen Wänden nicht mehr aus. Sie strömten auf die Straßen und zogen der Stadt zu. Von allen Seiten kamen sie herbei, jene, die kein Heute und schon gar kein Morgen mehr hatten. Ihnen blieb nur noch die Wut, und trunken vom billigen Fusel schlugen sie auf ihrem Weg alles kurz und klein, bis eine heraneilende Schar Soldaten die Menge zerstreute. Auf einen schlimmen ersten Tag folgte eine noch schlimmere erste Woche. Und der Monat danach war von einer Art, dass die Menschen ihn am liebsten aus ihrem Gedächtnis gestrichen hätten. Nur der Junge sah die Chance, die der Sturm gebracht hatte. Er hielt das Mädchen an der Hand und sagte: «Es ist Zeit zu gehen.»

«Lass uns warten», entgegnete das Mädchen. «Nur ein paar Tage. Hier ist es sicher.»

«Weil das Viertel tot ist», sagte der Junge. «Weil es tot ist, glaubst du, es ist sicher. Zu holen gibt es hier genauso wenig wie auf den Märkten und in den Gassen.»

Das Mädchen sah zu den anderen hinüber. Sie saßen im Stroh und lauschten.

«Sieh doch», sagte der Junge. «Wir nehmen hier nichts ein.»

«Und wenn du eine Anstellung suchst? Der Bankier könnte doch ...»

«Niemand stellt mehr an. Sie entlassen», unterbrach sie der Junge. «Jene, die Geld brauchen wie die Luft zum Atmen, stehen auf den Straßen herum, halten Schilder in die Luft und winseln. Und die Reichen halten ihre Taler eng an die Brust, weil der Tiefpunkt noch nicht erreicht ist.»

Das Mädchen nickte, und auch die Kinder in der Ecke hoben ihr Kinn voller Zustimmung, obwohl sie nicht recht wussten, was der Junge damit meinte.

Der gute Junge

«Mir machen die Gegrämten, die Gescheiterten Sorgen», sagte er. «Sie stehen herum wie schweigsame Posten, und auf ihren Schildern steht, dass sie Arbeit suchen – aber morgen steht vielleicht schon darauf, dass sie hungern und eine Bleibe suchen, und dann werden sie kommen und uns aus dem Schuppen vertreiben.»

Das Mädchen verschränkte die Arme und wurde ganz stumm. Der Junge wollte seinen Freunden keine Angst machen. Er sah nur, was vor sich ging, und weil er zu beobachten gelernt hatte und die Menschen las, anhand ihrer Augen, ihres Gehabes und der Art, wie sie ihre Sätze sprachen, war er vorsichtig geworden.

«Es ist Zeit zu gehen», sagte er nochmals.

Die Schar erhob sich und trat vor den Jungen.

«Dann wirst du uns von nun an führen?», durchbrach der Waisenbub die Stille.

Der Junge sah zum Mädchen.

«Ja, das wird er», sagte sie.

Sie spürte eine Last von ihren Schultern fallen, und ihr Herz wurde auf einmal ganz leicht, als hätte jemand den Dorn der Sorge herausgezogen, der stets mit dem Auftrag der Obhut einhergeht. So trat sie einen Schritt zurück, und die Stimme des Jungen füllte den Schuppen, als er seine Gefährten auf einen Tausch einschwor, der ihnen und auch vielen anderen Menschen helfen würde.

«Wo wollt ihr hin? In die Vorstadt?», fragte wenig später ein verlebter Fahrer. Seine Ladefläche war leer. Er hatte einen alten Gaul vorgespannt, dessen Gelenke zerschlissen waren und auf dessen Hufen kein Eisen mehr hielt. Das Tier litt unter den Schmerzen, aber der Fahrer wusste, welche Gangart seinem Gefährten eher guttat, und vermied es, ihn unnötig zu treiben. Schließlich war auch er ein Opfer der Gicht und sein Sinn und der seines Pferdchens stand nach einer kleinen Holzhütte auf grüner Wiese, wo sie sich zur Ruhe setzen konnten. Dort zog es den Fahrer hin. Raus aus der Stadt und vor allem weg vom Elend. Der Junge hatte nach einer Mitfahrgelegenheit Ausschau gehalten. Ihm war das angeschlagene Duett aufgefallen, und er dachte, das sehe nach einer letzten Reise aus. Eine Reise, für die man wohl kein Geld verlangen würde. Er hatte recht. Der Fahrer war zu müde, um den Jungen mit Fragen zu löchern. Er fragte bloß noch: «Was wollt ihr denn in der Vorstadt?» Und der Junge antwortete: «… ein neues Heim erschaffen.»

Der Mann überhörte die seltsame Losung und gab dem Rudel Kinder einen Wink, und schon saßen sie auf dem Wagen auf. Ihr freudiges Geschrei weckte die Lebensgeister in Mann und Tier, und sie vergaßen für einen Moment ihre Gebrechen. Das Pferd trabte unvermittelt an. Der Fahrtwind streifte sanft über die roten Backen der Kinder, und sie fühlten sich das erste Mal seit langem wieder als etwas Besonderes. Es ging vorbei an den Wohnvierteln der Angestellten bis zu den ersten Hochhäusern. Von dort schwenkten sie auf die Paradestraße ab und bewunderten die Villen der reichen Leute, den Triumphbogen und die Kathedrale, die gerade jetzt in so zartem Licht erstrahlte, als wäre sie das Einfahrtstor zur Ewigkeit. Es gab viel zu sehen, und weil

Der gute Junge

die Kinder etwas höher saßen und über die Not in den Straßen hinwegblicken konnten, belebte sie die ratternde Fahrt wie ein kühler Wasserschwall im hitzetriefenden Sommer. Am Wendeplatz stiegen sie ab. Von dort war es nicht mehr weit zu den ersten Häusern der Vorstadt. Der Junge ging voran und bald waren sie am Ziel.

«Ich danke dem Herrgott, dass du wohlauf bist», sagte die Weberin kaum eine halbe Stunde später. «So oft habe ich an dich gedacht. So oft habe ich mir gewünscht, dass du zurückkehrst.»

Der Junge blickte in ihre treuen Augen. Sie hätten auch einem Kind gehören können, so ungebrochen und leichtblütig strahlten sie hinter der runden Brille hervor.

«Wann ist das liebe Kätzchen gegangen?», fragte der Junge und sah traurig auf ein von Steinen eingefasstes Kiesbeet. In der Mitte ruhte ein zum Kreuz geschliffener Stein, der links und rechts von frisch gepflückten Blumen gesäumt war. Die ersten des jungen Frühlings.

«Im letzten Winter», sagte die Weberin. «Seitdem bin ich …»

«Allein?»

«Ja.»

«… Nicht mehr», sagte der Junge tröstend und hob die Stimme in schönem Gedenken an das Samtpfötchen, das mit ihm das Bett geteilt hatte.

«Ich verspreche dir, liebe Weberin», sagte er. «Wenn du willst, hat das Alleinsein heute ein Ende. Und es wird dich nie wieder quälen, solange es uns gibt.»

Sein Finger zeigte auf den Torbogen. Unter ihm hatten sich die Kinder versammelt. Die Weberin schluchzte. Sie führte ihren Arm zum Jungen hin und er half ihr die Stufen hinunter. Dann stellte er sich auf die Zehenspitzen und flüsterte ihr seinen Plan ins Ohr. Sie hörte aufmerksam zu. Ab und an nickte sie. Ganz leicht, aber mit einer verständnisvollen Miene, die den traurigen Schleier auf ihrem Antlitz verschwinden ließ. Dann nahm sie die Kinder nacheinander in Empfang, fragte nach den Namen und woher sie waren. Jedes einzelne küsste sie auf die Stirn. Bei jedem Kuss rieselte ein Korn in ihre fast leere Sanduhr nach, und sie spürte die Kraft des jungen Lebens und den drängenden Willen, alles zu versuchen, um was sie der Junge gebeten hatte.

«Ich werde euch eine Heimat geben», sagte sie dann. «Euch, den unschuldig in Not Geratenen. Aus Elend soll Glück werden und aus Not Überfluss, und wir wollen unsere Kräfte bündeln, für die Gemeinschaft und alles, was uns lieb ist.»

Hurra schallte es von den Mauern zurück und es dröhnte durch die Vorstadt wie ein Weckruf, und die Menschen rissen die Fenster auf und reckten die Köpfe nach draußen und sahen eine Schar reigentanzender Kinder. Die Weberin stand in der Mitte. Sie presste die Fingerspitzen auf die Lippen und schwang ihre Taille im Takt des Trubels. Wie auf ein unsichtbares Kommando hin löste sich der Kreis und, eine Hand der anderen gereicht, verschwand die Kette von Kindern aus dem Blick der baffen Augen.

Schon ertönte ein Poltern und Hämmern. Dann ein freudiges Blöken. Das Klappern der Weblade,

Der gute Junge

gefolgt von zahllosen, dumpfen Schritten, die quer durch das Haus jagten. Hinter dem Haus, wo die Wipfel in die Höhe ragten, rief der Junge nach der Säge. Das Mädchen eilte, den Korb in Händen, dem Hochbeet zu. Zwei Kerle schöpften Wasser aus dem Bach und brachten es ihr. Dann schöpften sie weiter und gossen es in ein großes Fass. Die Weberin stieß das Tor zum Gartenschuppen auf und zog einen Handkarren heraus. Stroh und Staub bedeckten ihn, aber die zwei Kerle sahen den Karren und hatten eine Idee. Sie stellten das Fass darauf und zogen es zu den Kohl- und Rübenbeeten hinüber, wo ein paar Kinder gerade damit beschäftigt waren, den Boden zu lockern. Dann wandten sie sich dem Schuppen zu. Der Junge wollte ihn leeren. Das Stroh legten sie auf einen Haufen. Sensen, Rechen und Schaufeln stapelten sie nach Sorten getrennt an der Hauswand. Dort machte sich ein geschicktes Kind daran, die Zinken auszubessern und die Stiele zu verklemmen. Die Weberin wetzte indes die stumpfen Klingenblätter zu neuer Schneid. Danach holten sie Bretter herbei und Jutesäcke und alles, was ein gemütliches Lager geben würde. Die einen nagelten breite Liegen zusammen. Die anderen trugen sie in den Schuppen und stapelten sie dort dreifach übereinander. Platz für ein ganzes Dorf von Kindern. An jede Seite kam eine grobgezimmerte Leiter. An jedes Fußende ein Stück Stoff, das, mit einem Ruck ausgezogen, die Koje in Dunkelheit tauchen würde. Bald lag in jeder Koje eine strohgefüllte Matratze, zwei Decken und ein Jutekissen. Ein schrilles Pfeifen rief zum Abendmahl, doch kaum war es vorbei, ging das Poltern und Hämmern von neuem los. Bis tief in die Nacht hinein. Bis keine Kraft mehr übrig war.

Die erste Woche war hart, und es gab kein Glied, das nicht schmerzte, und keine Schramme, die nicht etwas erkauft hatte. Die Kinder schliefen tiefer als je zuvor, und morgens krochen sie hoch wie Greise, und das Krachen ihrer Knochen war noch da, als sie sich im Bach wuschen, und es war da beim Morgenbrot und beim Gang zu den Arbeitsstätten. Es verschwand mit dem ersten Sensenschnitt. Der Ertrag des Schaffens wuchs schneller als die Mühe. Das sahen die Kinder, und sie klopften sich abends freudig auf die festen Schultern und spornten einander an, mehr zu säen und schneller zu ernten. Im Grunde war das alles ein riesiger Tausch. Die Kinder und die Weberin tauschten ihre Zeit, ihr Wissen und ihre gemeinsamen Kräfte gegen eine bessere Zukunft. Brot und Bleibe waren bald gesichert. Der Ertrag ihrer Arbeit wuchs rasch über das hinaus, was sie allein zum Leben benötigten. Der Junge erkannte das und er wusste, dass sie zu Geld kommen mussten, um eine Chance gegen den Magnaten zu haben. Ausserdem waren die Weberin und er die Einzigen, die lesen und schreiben konnten. Das durfte nicht so bleiben. Früher oder später müsste man Geld und Zeit gegen Wissen tauschen, dachte der Junge und so sandte er zwei Gruppen von Kindern aus.

Die einen, um den Überschuss an Nahrungsmitteln für die Hälfte des gewöhnlichen Preises zu verkaufen. Sie kamen nicht weit. Viele Menschen in der Stadt

Der gute Junge

hungerten, hatten wegen der Wirtschaftskrise nur wenig Geld und gaben jeden Taler davon für Essbares aus. Daher waren die Tragekörbe der Kinder bald leer und ihre Geldbeutel voll.

Die andere Gruppe schickte der Junge auf die Suche nach der Lehrerin. Er wusste, wie sehr sie sich danach sehnte zu unterrichten und er wollte damit ihr und allen seinen Freunden helfen. So stöberten jene Kinder, die die Stadt kannten wie die Rückseite ihrer Hand, nach Fährten, bis sie fündig wurden.

Man fand sie in einer Schreinerei. Sie war dort untergekommen, fegte nächtens den Boden und tat auch sonst alles, was ihr der Schreinermeister hieß. Im Gegensatz zu vielen anderen Menschen wurde sie satt. Doch ihr Geist hungerte und es fiel den Kindern nicht schwer sie zu überreden mitzukommen in ihr neugeschaffenes Paradies.

Noch am gleichen Abend empfing sie die Weberin mit den Worten: «Wo hast du edles Geschöpf dich so lange versteckt gehalten? Und warum höre ich nur die wunderbarsten Geschichten über dich?»

Die Kinder standen daneben und rieben sich vergnügt die Hände. Ihr Werk war getan, also verlangten sie einen Kuss und entschwanden in ihre Kojen. Die Weberin ließ sich Zeit bei dem, was sie als Nächstes zu sagen hatte. Sie spürte Scheu und wusste, wie schädlich Eile war. Auf Eile lässt sich kein Vertrauen gründen. Auf Rücksicht schon, und so fragte sie nach einiger Zeit: «Hast du alle Zweifel hinter dir gelassen, Liebes?»

«Ja, das habe ich», bekam sie als Antwort.

«Dann bist du nun bereit, denen Licht zu schenken, die es am nötigsten brauchen.»

Sie versprach ihr: «Ich werde dir eine gute Freundin sein und du mir, und wenn ich einmal nicht mehr bin, sollst du hier an meiner Stelle stehen und über alles Gute und Liebe in diesem Haus wachen. Als Weberin und als Mutter. Als Freundin und als …»

«… Lehrerin?»

«So soll es sein», schloss die Weberin und streckte ihre Arme aus. Fön kam auf und er umschloss die beiden Frauen, die in dieser Nacht zu Seelenschwestern wurden. Es war eine Botschaft des Frühling, und die Weberin dachte an das Grün und die Frucht und all das Leben, das bald noch kräftiger gedeihen würde. Sie dachte an die viele Arbeit, aber es bangte ihr nicht davor. Hände und Herzen standen bereit, das zu tun, was getan werden musste. Der Frühling war da und der Sturm konnte ihnen nichts anhaben. Es war ihre Zeit und ihre Chance, und auch wenn es außerhalb des Paradieses niemand so sah, oder vielleicht gerade deswegen, packten sie das aufkeimende Leben mit solcher Zuversicht, als hätten sie niemals etwas anderes getan und gekonnt.

KAPITEL 13

Die Rache des Magnaten

Der Junge rief so laut er konnte: «Zieht sie hoch und spannt sie fest. Hoch, höher! Ein Stück noch. Ein kleines Stück noch.» Der Morgen war jung und kühl, und der Auftrag schwierig, aber lohnend. Sie hievten die Plane zwischen zwei kräftigen Buchen hoch und verknoteten die Strickenden an den Stämmen. Die Plane war aus gutem Segeltuch, das keiner haben wollte, und so hatte die Weberin einen Korb Gemüse geboten und dafür die Plane und als Draufgabe vier lange Stricke bekommen. Überhaupt war es die Zeit der magenfüllenden Dinge. Wer reichlich davon besaß, konnte sie gegen alles tauschen. Hier eine Plane, dort vier Stricke. Hier ein halbes Dutzend Bänke, eine alte Schultafel und zwei Kisten voller Kreidestifte, dort ein Zentner helles Schreibpapier. Fertig war das Klassenzimmer.

Die Menschen der Vorstadt begegneten der Weberin mit höflichem Respekt, jetzt, wo sie etwas hatte, das sie wollten. Und sie standen bei ihr Schlange, um vielleicht doch noch die ein oder andere Köstlichkeit gegen die Überbleibsel besserer Tage zu tauschen. Bald machten fantastische Geschichten die Runde. Von einer Schule unter freiem Himmel wurde gemunkelt. Von einer Lehrerin, die kein Lineal schwang, sondern Zahlen sang, Worte malte und von der Welt hinter der weiten Ebene und den Bergen zu erzählen wusste. Man steckte sich Anekdoten zu, von übervollen Wagen, gefahren von einem Erwachsenen, aber dirigiert von einem Kind. Voll fuhren sie der Stadt zu und leer kamen sie zurück. Nun, nicht ganz. Oft hatten sie hinten eine ganze Traube von halbverhungerten Ausreißern geladen, die nach einer Woche bei der Weberin bald ebenso adrett und lebenslustig umherwuselten wie jene, die nach Ende des Winters aufgetaucht waren.

Wo kam das alles her, fragten sich die Vorstadtbewohner. Wie war es möglich, die vielen Mäuler zu stopfen und dann noch günstige Waren aller Art auf den Märkten zu verkaufen? Waren, die das von weit hergeholte Zeug um Längen übertrafen. Freilich, nur die Vögel sahen die langen Ackerfurchen in schwarzer Erde, wie sie sich breit hinzogen, vom Stall bis zum Waldrand hinauf. Und nur die Vögel sahen das Reich der Hühner, den Kräutergarten, die Schäfchen und deren frisch gelammte Jungen, die Beerenbeete, die

Der gute Junge

Felder von winterhartem Weizen, der seine Ähren kühn der auflebenden Sonne entgegenreckte, die abgeblühten Obstbäume, darunter Apfel, Kirsch und Pflaume, und schlussendlich die mächtigen Kastanien, Linden, Pappeln und Birken, die vor neugierigen Blicken schützten. Nur die Vögel sahen die grüne Insel, den glitzernden Bach und die Blumenweide, auf der sie zu rasten pflegten und wo sie vor reinstem Glück zwitscherten und balzten bis zum letzten Sonnenstrahl. Die Vögel sahen es von oben in seiner ganzen Pracht. Die Kinder aber standen mittendrin und wischten sich den Schweiß von der Stirn.

So auch der Junge. Er betrachtete seine feuchte Hand und die dünnen Bahnen von Staub und Erde, die in den Hautfalten klebten. Er betrachtete die dicken Schwielen, vier an jeder Hand, und er drückte sie ganz fest zusammen, bis er die gezackten Fransen gerissener Haut spürte. Wie weich sie doch waren, dachte er. Damals, als ich nur einen Stift in Händen hielt. Jetzt aber führe ich eine Sense und wenn es sein muss Säge, Schaufel und Sichel, und dass ich sie führe, steht auf meiner Haut geschrieben. Was steht sonst noch darauf geschrieben, fragte er sich. Die Zukunft, behaupten manche. Ob es wahr ist? Hoffentlich nicht, dachte er keck und wischte seine dreckigen Hände an der Hose ab. Weiter im Norden, im Gewirr der Gassen, am Rande der Arbeitersiedlung und am Hafen sprach man auch von der Zukunft.

«Wir haben keine», klagten die Streuner. «Nicht hier. Aber es soll eine Zuflucht geben, eine Tagesreise entfernt.»

Andreas Hartinger

Es drang an die Ohren wie ein Gebot, und sie brachen auf, sowie sie von dem wundersamen Ort erfuhren, wo Kinder für Kinder sorgten, es eine Schule gab und man Teil von etwas Großem war. Das Gebot eilte weiter, von Tür zu Tür, und es machte keinen Unterschied zwischen arm und reich, gut und böse oder sonstigen Begriffen, die den Mensch doch nicht vollends beschreiben können. Als der Magnat Wind davon bekam, standen ihm die Schulden schon bis zum Hals. Er witterte die Gefahr und sah den Grund, warum sich die Waren aus dem Tal nicht mehr verkaufen ließen. Er befahl den Diener herbei und schickte ihn mit seinem schnellsten Pferd auf Erkundung. Noch am gleichen Tag kehrte dieser zurück, bestätigte die Befürchtung und beschrieb in allen Einzelheiten, was er in der Vorstadt gesehen hatte.

Der Magnat platzte fast vor Wut. Er ertrug es nicht, dass die Menschen bei jemand anderem Schlange standen, und er hätte alle Händler, die ihm das Geschäft verwehrten, am liebsten erschlagen. Eine grüne Insel, nahe der Stadt und reich an allem, dachte er. Von der Karte müsste man sie tilgen. Oder besser noch, er müsste sie sich nehmen, so wie er sich das Tal genommen hatte.

«Wem gehört es?», fragte er den Diener.

«Kindern, so scheint es», antwortete dieser und duckte sich gerade noch vor einem Krug, der hinter ihm in die Wand krachte und in tausend Stücke zerbarst.

«Kindern!», schrie der Magnat. «Ich, hereingelegt von Kindertölpeln? Das will ich mir selbst ansehen!»

Der gute Junge

Den Diener packte die nackte Angst. Er wäre am liebsten geflohen, wenn da nicht die unheimliche Macht des Herrn gewesen wäre. So saß er wenig später an seiner Seite, als die Kutsche mit acht frischen Rössern aus der Stadt stürmte. Vorne saßen zwei Handlanger mit Fäusten so groß wie Kinderköpfe. Ihre schwarzen Mäntel flatterten im Wind. Grimmig blickten sie die Straße hinunter und scheuchten wild schreiend alles zur Seite, was ihnen den Weg versperrte.

«Eilt, ihr Teufel, eilt», zischte der Magnat. «Eilt und biegt es gerade, auf dass ich bekomme, was ich will.»

Er rief alle Höllenhunde herbei und sprach dunkle Formeln der Rache und der Gier. Die Kutsche wurde heftig durchgeschüttelt. Bei jeder Kurve rutschte der Magnat von einer Seite auf die andere, und er hätte den Diener fast erdrückt, wäre dieser nicht jedes Mal in die Höhe geschnellt. Dem armen Passagier war speiübel. Er getraute sich kaum noch zu atmen, geschweige denn ein Wort der Beschwichtigung zu sprechen zu dem Irrkranken, der jenseits aller Sinne nur mehr er selbst war. In der Vorstadt schlugen sie die Fenster zu, sowie sie das infernalische Gespann hereneilen sahen. Es polterte und krachte und blieb laut quietschend vor dem Haus der Weberin stehen. Den Rössern stand der Schaum vor dem Maul, aber sie schabten mit den Hufen, bereit, den Zaun zur grünen Insel einzureißen. Die zwei Handlanger sprangen von der Kutsche und schlugen gegen die Tür. Dann liefen sie zur Kutsche zurück und halfen ihrem Herrn ins Freie. Ein Zwielicht lag auf den Straßen. Es war die Zeit des Abendmahls, und es dauerte einige Zeit, bis die Weberin die Tür öffnete.

«Wer so klopft, ist bestimmt nicht hier, um etwas zu erbitten», sagte sie zurechtweisend und stemmte beide Hände in die Hüfte.

«Da hast du recht, altes Weib», entgegnete der Magnat. Ihm kam der Gedanke, was für ein Witz von Häuschen da vor ihm lag und dass dies wohl kaum der Stachel in seinem Fleisch sein konnte. Doch die Reaktion der Alten offenbarte, dass sie etwas zu verbergen hatte, und das allein reichte ihm. Er schnippte zweimal mit den Fingern, und seine beiden Handlanger traten einen Schritt nach vorn.

«Wage es nicht.»

Die Stimme kam von der Lehrerin. Sie trat von hinten an die Weberin heran und stellte sich neben sie. Ihre Augen funkelten, weil sie drei Schufte vor sich sah und es ihr gleich war, was der Grund ihres Besuches war. Über diese heilige Schwelle würden sie nicht treten. Teufel hatte sie genug erlebt, jetzt galt ihr ganzes Sehnen und Streben den Engeln.

Der Magnat schnippte wieder mit den Fingern. Doch anstatt seine Schergen in Bewegung zu versetzen, traten plötzlich ein Dutzend kräftige Kerle aus dem Haus. Dicht gefolgt von einem Mädchen und einem Jungen mit Mütze. Gleichzeitig flogen die Fenster auf und ein weiteres Dutzend Kinder schob ihre fest entschlossenen Mienen in das fahle Abendlicht. Aus dem Garten und von den Seiten, wo Buchen und Pappeln die Sicht versperrten, wogten sie ebenfalls heran und umzingelten die ungebetenen Gäste.

Der gute Junge

Die Schergen wichen einen Schritt zurück, und auch die Rösser verhielten ihr Schaben in Anbetracht der Übermacht. Einzig der Magnat blieb gelassen. Er blickte zuerst die langen Reihen durch, um eine Schwachstelle zu finden, doch so sehr er sich auch bemühte, er fand keine. Dann überlegte er, wer wohl der Anführer des Haufens war. Die Alte? Nein. Das Fräulein? Möglich, aber dafür schien sie nicht herrisch genug. Von dem hübschen Mädchen ging eine sonderbare Wirkung aus. Sie hatte sich vor die Weberin geschoben und bildete so etwas wie die Spitze eines zum Stoß gesenkten Speers. Der Magnat grunzte wie eine Hyäne, die ihre Beute roch, und er war plötzlich nicht mehr so gelassen wie zuvor. Das merkte der Junge, trat vor das Mädchen und sprach:

«Geh doch dorthin zurück, wo der Pfeffer wächst.»

Er sagte es mit neckischer Genugtuung, in der der kindliche Stolz stärker war als die noble Zurückhaltung, und er wünschte sich sofort, es nicht gesagt zu haben. Der Magnat stockte. Sein untrügliches Gedächtnis schlug an, ohne eine Idee zu haben, wann und wo er den Satz schon einmal gehört hatte. Die Erwachsenen, ja, die sprachen solche Phrasen nur allzu oft aus. Nicht zu ihm allerdings, das würde niemand wagen. Aber hier kamen die Worte aus einem Kindermund, und so grub er tief hinab in die nebelverhangensten Ecken seines Hirns, bis er fündig wurde.

«Du!», sagte er triumphierend. «So sieht man sich also wieder.»

Er grinste. Er grinste deshalb, weil er nun sicher war, eine Schwachstelle gefunden zu haben. Und er warf sein Grinsen mit allem Nachdruck seiner bösen Erregung in die Menge, bevor er ohne weiteres Zutun die Kutsche wenden ließ und ebenso schnell der Stadt entschwand, wie er gekommen war. Zurück blieben ein Gefühl der Erleichterung und ein paar wenige ratlose Gesichter, denen das grunzende Getue des dicken Störenfrieds nicht weniger Aufregung geboten hatte, als die zahllosen Gehässigkeiten im Laufe eines banalen Tages auf der Straße.

«Ich für dich und du für mich, dann ist's ein leichtes Leben», rief jemand, und ein Chor aus Stimmen wogte hoch und riss so manchen Vorstädter aus den Federn. Es klang bis zu den ersten Häusern der Hauptstraße. Dort begann gerade der Nachtwächter seine Runde, und er schüttelte den Kopf, während er die lange Stange, an deren Ende ein Docht glühte, in das Laternenfenster hielt. Bald wich das Zwielicht der Dunkelheit, und es wurde still. Nach Stunden erreichte der Wächter endlich den Wendeplatz und blickte erschöpft auf die Perlenkette aus gelb glitzernden Feuerbällen zurück. Er nahm einen vollen Schluck aus seiner verbeulten Feldflasche und wischte sich den feurigen Mund ab. Dann spähte er noch einmal nach allen Richtungen, quittierte die gähnende Leere mit einem Nicken und verdrückte sich in die nächstbeste Nische. Angelehnt an eine Hauswand würde er den neuen Morgen herbeisehnen und beim ersten Büchsenlicht Feierabend machen. Das heißt, falls es ruhig bliebe. Ich werde mir doch zu helfen wissen, dachte er. Ich, Altgedienter. Wie jeden Abend zog er den Hut schlapp ins Gesicht. Dann stellte er den Mantelkragen auf, obwohl es nicht kalt war. Er hasste es, gestört zu werden, vor allem bei der Arbeit. Daher nahm er noch einen Schluck des Trunks, bekam plötzlich Durst und kippte den ganzen Inhalt der verbeulten Flasche in seinen Rachen. Zufrieden fiel er in sich zusammen. Nicht die Sterne und auch nicht die vom Abendwind gebeutelten Fensterläden fanden noch Zugang zu ihm. So sprang wenig später ein schlanker Schatten an ihm vorbei. Mittig auf der Straße und jeden Lichtkegel meidend, ohne dass er es bemerkte.

Der Schatten hielt an einer dunklen Ecke, unweit des Hauses der Weberin. Kurz ertönte ein befreiendes Schnaufen. Dann löste sich kaum merkbar ein hagerer schwarzer Fleck und schlich zum Fenster hin, wo der Junge schlief. Nun, er schlief nur scheinbar, denn seine Gedanken kreisten um die Begegnung mit dem Magnaten, und er hatte vor dem Einschlafen den Fehler gemacht, an etwas Düsteres zu denken. Jetzt gab es kein Zurück, und seine zuckenden Lider sprachen genau das aus.

«Junge, bist du hier?», wisperte eine ängstliche Stimme. «Wach auf, bevor es zu spät ist.»

Der dunkle Fleck wagte nicht, ans Glas zu klopfen, aber er sah einen Spalt, fühlte die warme Zugluft und öffnete den Flügel ein Stück weit. Das Wispern flutete in den Raum und fand Gehör. Etwas raschelte, und dann war da ein Gähnen, lang und lässig, aber froh, dass der düstere Traum verraucht war. Die anderen Kinder schliefen wie junge Hunde. Der Junge aber schlug die

Decke zur Seite und tapste nach den Pantoffeln. Als er nach kaum einer Minuten am Fenster erschien, konnte er den Schatten gerade noch halten.

«Bleib», zischte er. «Bitte.»

Nichts rührte sich. Dann schwebte plötzlich ein weißer Handschuh aus der Dunkelheit hervor und legte sich auf das Fensterbrett. Dem folgte ein Hauch von Worten, zitternd und verletzlich. Wie sie den Mund des Schattens verließen, wurden sie vom Wind dahingerafft, und der Junge atmete tief ein, um seine Sinne zu schärfen. Dann drehte der Luftstrom nach Norden und brachte die Gebäudefront nach Lee.

«Bist du es? Der Junge mit der Mütze?», drang es endlich durch.

«Ja», sagte der Junge erwartungsvoll.

«Das Kind aus dem Tal, der Sohn des letzten freien Bauern?»

Der Junge verstand nicht. Er schüttelte den hinderlichen Rest der Nacht ab, bevor er sein Ohr so weit ins Freie schob, wie er nur konnte. Ein flaues Gefühl füllte seinen Magen. Ein Gefühl, bald Geisel von etwas zu sein, und so pochte das Herz des Jungen immer lauter und immer schneller, und er vernahm den Schatten nun ganz deutlich, als er um Aufmerksamkeit bat, und er hörte sich selbst sagen, dass er nun jedes Wort verstünde, und er presste die Lippen zusammen, spannte den Kiefer und alle Muskeln an, die gehorchen wollten, und dann hörte er es ganz klar und deutlich: «Hör, Junge, was ich dir zu sagen habe. Auf Silbe und Laut. Hör, als ob dein Leben und das deiner Lieben

Der gute Junge

davon abhinge.» Das Mondlicht spiegelte sich in der Fassade und gab die groteske Fratze des Dieners frei. «Hör, als ob euer aller Leben davon abhinge, denn das tut es …»

Der Diener schnaufte schwer.

«… Denn das tut es tatsächlich.»

KAPITEL 14

Tausche gut und schnell

Der Diener suchte verzweifelt nach einem kargen Rest Seele unter seiner vernarbten Schale, als er noch in der Nacht einen Stapel Briefe zurechtmachte. Das Papier trug das Wasserzeichen des Magnaten. Dies und die romantisch geschwungene Handschrift verdeckten den Ernst der Botschaft.

«Knüppelarbeit», stand dort. Zwei Orte galt es zu besuchen. Einen im Tal und einen in der Vorstadt, und sie sollten nicht zimperlich sein, wenn sie einen Goldtaler in Händen halten wollten. Der Diener faltete die Blätter sorgfältig zusammen und steckte sie in wetterfeste Umschläge, die genauso rau waren wie ihre Empfänger.

«Den Aufseher und seine Taugenichtse heure an und jeden Trunkenbold von hier bis zum Hafen, der

Der gute Junge

auf dem Trockenen sitzt», hatte der Magnat befohlen. «Schnell und gründlich sollen sie sein und ihnen eine Lektion erteilen. Haben wir uns verstanden?»

Es war keine Frage, sondern eine Drohung, und der Diener schickte umgehend nach den schnellsten Kurieren der Stadt, auf dass sie für den nächsten Morgen bereit sein mögen. Er schloss die weiteren Vorbereitungen ab, betrachtete die Briefe und sah vorwurfsvolle Kinderaugen. Er wusste nicht warum, aber als sein Bauch krampfte und er auf den Boden sackte, sich wälzend, als stünde er in Flammen, kam ihm nur eines in den Sinn: Lass es geschehen und es wird keine Zuflucht für dich geben. Kein Loch, in dem du dich verkriechen kannst. Nicht in diesem – nicht im nächsten Leben. So ächzte er alles aus sich heraus, bis ihn die Vernunft in die Wirklichkeit zurückholte. Jetzt sah er wieder die Kinderaugen. Sie weckten, was in seiner Seele an Edelmut übrig geblieben war. Den allerletzten Rest. Ich kann es nicht geschehen lassen, dachte er und verfluchte den Tag, an dem er in den Dienst des Teufels getreten war.

«Ich kann es nicht», sagte er laut. Dann schlug die Glocke Mitternacht, und er lief in den Stall und sattelte ein Pferd.

Zurück in der Vorstadt, begriff der Junge sofort was los war.

«Wie lange habe ich?», fragte er.

«Einen halben Tag. Mehr nicht», sagte der Diener.

Der Junge kaute an seinen Fingernägeln. Jetzt half nur noch eines, dachte er: gut und schnell zu tauschen, und zwar mit jemanden, der in der Lage wäre den Magnaten in weniger als einem halben Tag vom Thron zu stürzen.

«Warte», sagte er und verschwand in der Dunkelheit. Der Wind drehte nach Westen, und der Diener schielte nach seinem Pferd. Irgendwo dort vorne hatte er es festgemacht. Gut getarnt an einer unbeleuchteten Ecke. Was, wenn ein übereifriger Stallbursche die freie Stelle im Stall bemerkt, dachte er. Und das Gatter. Steht es offen oder war ich weise genug, es zu schließen? Und was, wenn Alarm geschlagen wird und sie mich suchen? Ein Kopfgeld würden sie mir verpassen. Nicht allzu hoch, aber es würde reichen für einen Lump wie mich. Dann bezahlst du eben deine Schuld, sprach er nun zu sich selbst. Irgendwann bezahlen alle, und ich tue es lieber heute als morgen.

Jemand zog am Ärmel seines Fracks. Er erschrak, drehte sich um und starrte auf den Jungen. Er riss sich zusammen, weil er wieder zu zittern begann und vor ihm ein Kind stand, das eigentlich zittern sollte, es aber nicht tat. Der Junge sprach ruhig und überlegt, und er weihte den Diener in alles ein und machte ihn für eine Nacht und einen Morgen zu seinem Gehilfen.

Ein silberner Streif erschien am Horizont, und der Wind drehte endgültig nach Norden. Sie hatten ihn im Rücken, jetzt, wo sie am Wendeplatz vorbeigaloppierten und den Wächter aus dem tiefsten aller Träume hoben. Der Junge krallte die Fingerspitzen in das dürre Skelett, so gut er konnte. Er wäre sonst gefallen, vier Fuß tief auf hartes Pflaster, und dort wäre er zerschellt wie ein

Vase. Geduckt flogen sie dahin, die Zügel locker und die Schenkel eng an die Flanken des schwitzenden Pferdes gepresst. Ihre Augen und auch die des Tieres stierten nach vorne. Nur nach vorne und darüber hinaus. Die Häuserfronten, Laternen und Gehsteige verschwommen zu einer einzigen Masse aus Stein, Sand und Stahl. Es gab keine Stadt mehr und keinen Himmel, sondern nur mehr einen Willen und sein Ziel. Darin verlor sich jeder Gedanke an das Scheitern. Darin verblasste jedes Gefühl für die Gefahr.

«Hooo», dröhnte der Diener und zerrte das brave Pferd zum Stillstand. Er konnte kaum noch. Es war früher Morgen, und sie hielten genau vor dem Bankhaus.

«Halte die Kuriere hin, solange es geht», sagte der Junge. «Mehr kannst du nicht tun.»

Er sprang hinab auf den Gehsteig, streichelte den Hals des Tieres und sah Pferd und Reiter für einen Moment nach, wie sie davonstürmten. Dann trat er in die Schalterhalle ein, wo ein paar gelangweilte Angestellte ihr morgendliches Zahlenspiel übten. In der Etage darüber sah es nicht besser aus. Auf den Tischen ruhten Berge von Akten, überzogen mit Staub, und auf der großen Tafel an der Stirnseite des weiten Raumes war ein Graph aufgezeichnet, der in der linken obersten Ecke seinen höchsten Punkt markierte und von da an in wildem Zickzack zu Boden fiel. In der Ecke lag ein umgefallener Stuhl, aber dem Jungen schien es, jemand hätte ihn dort zum Abschied hingeworfen. Das alles waren keine bewussten Bilder. Der Junge fing sie einfach ein, während er um die Biegung kam, von einem Treppenabsatz zum nächsten, und der Hauch eines Urteils darüber verflog mit dem Klirren einer Tasse.

Nun schnell, dachte er. Er riss die Mütze vom Kopf und übersprang jede zweite Stufe. Oben hörte man das seltsame Poltern, und der Bankier stellte seine Tasse auf den Untersatz zurück. Ein neuer Streit, dachte er. So früh am Morgen? Dann erschien der Junge im Türrahmen und zerstob alle Fechtgelüste. Der Bankier war blass wie ein Leichentuch und hatte Pfunde verloren, die kein gesunder Körper entbehren kann. Doch als er den Jungen sah und seine Energie spürte, entfuhr ihm ein hoffnungsvolles Lächeln, und er bat ihn, einzutreten. Er zeigte auf den Sessel und war kurz verwirrt, weil der Junge abwinkte, und er begriff, dass sein ehemaliger Bote an etwas gewachsen war, das ihn zur Eile zwang.

«Ein Tausch, der es wert ist», sagte der Junge. «Ein Tausch für die Ewigkeit. Den schlage ich vor.»

Dann beschrieb er den Handel, so schnell es sein Mund vermochte. Er wusste nach was sich der Bankier am meisten sehnte. Es war nicht Geld oder Einfluss. Das besaß er schon zu Genüge und er wusste, dass beides vergänglich war. Der Bankier sehnte sich nach einem Stück Ewigkeit. Er sehnte sich nach einer Tat, die auf immer und ewig in den Köpfen der Menschen verankert bleiben würde. Über der ganzen Szene thronte der auf Leinen gemalte Urgroßvater des Bankiers. Am Bilderrahmen prangten goldene Lettern. Frisch poliert und mit Wachs versiegelt, strahlten sie den kinderlosen

Der gute Junge

Enkel an, auf dass er nicht vergesse, was seine Aufgabe auf dieser Welt sei.

«Omnia in aeternum», las der Bankier leise vor. «Alles für die Ewigkeit.» Er griff zur Tasse, kippte sie steil zurück und er fühlte die Wärme des Porzellans und hegte einen schönen Gedanken. Das tat ihm gut, und weil es ihm guttat und ein Streit ausgeblieben war und weil er den Frühling, den Sommer und die Wärme und all das neue Leben liebte und sein Herz keinen weiteren Winter überstehen würde, und weil der Tausch lohnend genug klang, fiel die Frage, die insgeheim ein Wort des Aufbruchs war: «Wohin?»

Er läutete nach dem Butler, der sofort erschien, sich verbeugte und ein frohes Zwinkern in den Raum warf.

«Zum Ursprung der Zeit», antwortete der Junge. Er zeigte nach draußen auf die leeren Straßen, über die sie wenig später fegten und wo sie um die Kurven bogen, als wäre die Kutsche auf Schienen gestellt.

Während sie an der Kuckucksuhr eintrafen, machten sich vor der Villa des Magnaten gerade die Kuriere fertig. Es waren gedrungene, sehnige Männer mit tiefen, vom Wind geschnittenen Falten im Gesicht. Ihre Pferde waren auf Schnelligkeit gesattelt. Sogar die Packtaschen hatten sie weggelassen und trugen stattdessen nur einen Köcher quer über den Rücken. Die Pferde schnaubten genauso ungeduldig wie der Magnat, der das ganze Schauspiel beobachtete. «Wo bleibt denn der Nichtsnutz», raunte er und meinte damit seinen Diener, der eben nach den richtigen Briefen gerannt war und sich noch absichtlich ein wenig in der Schreibstube herumdrückte. «Schwärmt aus und sucht ihn», dröhnte es. Was von den Angestellten greifbar war, stürmte durch die Gänge, und der Diener hörte seine Zeit davonrieseln.

Im selben Moment klopfte der bei der Kuckucksuhr stehende Junge an die Tür. Der Uhrmacher öffnete, und es schien, als hätte er sich kein Stück verändert. Das graue Haar, der weiße Kittel, die Lupenbrille und das Flackern eines Besessenen – hatte er einen Weg gefunden, die Zeit anzuhalten? Der Gedanke schien dem Jungen nicht abwegig genug, um ihn sofort zu verwerfen, aber er hörte das Ticken und Tacken im Hintergrund und kam gleich zur Sache. Der Uhrmacher verstand sofort. Er grüßte den blassen Gast und führte ihn in die Werkstatt, um ihm sein Meisterwerk zu zeigen. Ein Meisterwerk, dass er für die Ewigkeit gebaut hatte. Der Junge schloss von außen die Tür. Wenn ein magischer Funke im Begriff war, überzuspringen, dann sollte er durch nichts gestört werden. Und doch spannte die Warterei seine Nerven bis zum Zerreißen.

«Nächstes Mal schicke ich die Hunde nach dir», wütete der Magnat. Die Kuriere wetzten in den Sätteln hin und her, als der Diener die Briefe nach oben reichte. Schon gab der Erste seinem Vollblüter die Sporen und galoppierte tief geduckt davon. Er hatte den weitesten Weg. Zum Handelsposten und wieder zurück. Dann zog ihm der Nächste nach. Vier Kneipen hatte dieser auf seiner Liste und eine Barackensiedlung. Auch die Reiter für das Hafenviertel und jene, die die kahlgeschorenen

Der gute Junge

Köpfe weit drüben hinter den Abraumhalden zu besuchen hatten, waren bald in einer Staubwolke verschwunden. Zurück blieb ein unsäglich grinsender Magnat und eine Traube verängstigter Helfer. «Mehr konnte ich nicht tun», wimmerte der Diener in diesem Moment leise vor sich hin. «Mehr konnte ich wirklich nicht tun.»

Der Junge hörte das infernalische Hufkonzert, wie es durch die Stadt dröhnte. Ich bilde es mir nur ein, dachte er. Aber dann sah er einen der schwarzen Reiter an der Kuckucksuhr vorbeirauschen, und sein Herz stand für einen Moment still. Es ist zu spät, dachte er. Viel zu spät, und er blickte auf eine Übermacht von Zeitmaschinen, die klickend ihre Bahnen zogen, ohne dass er dagegen etwas tun hätte können. Ein weiterer Reiter zog vorbei, und der Junge spürte die Gefahr, und vor allem spürte er den Hauch des Endes. Es entgleitet mir, dachte er. Alles um mich herum entgleitet. Das Mädchen, die Weberin, die Lehrerin, Mutter und Vater, meine Geschwister und Freunde – ich kann sie nicht vor dem beschützen, was ich selbst heraufbeschworen habe. Verflucht sei der Magnat und verflucht sei diese Stadt.

«Klammere dich nicht an den Zorn, Kind», sagte ich. «Denke an den Tausch, nur an den Tausch und an nichts anderes.»

Dann dachte er an den Tausch, aber er vermochte nicht zu sagen, was in der Werkstatt gesprochen wurde. Die Wortfetzen drangen kaum durch die Tür. Das Wenige, das es durch zwei Zoll dicke Buche schaffte, verschluckte sofort der Lärm von zahllosen Zahnrädern. Der Junge schob sich näher an die Tür heran und drückte sein Ohr dagegen. So fest er konnte. Aber es war zwecklos. Er sah die finsteren Gestalten nicht, wie sie, Knüppel in den Händen, die Gasse hinunterstampften. Der Butler aber sah sie und mahnte zur Abfahrt.

«Sie kommen nicht unseretwegen», rief der Junge und wünschte, es wäre so. «Sie kommen ihretwegen.»

Ein Kopf mit feuerroten Haaren lugte zur Tür hinein. Sein glasiger Blick traf den Jungen, und er hob seinen Knüppel. Da krachte eine Faust auf seinen Rücken nieder, und der Kopf stolperte davon.

«Weiter, du Hund», bellte eine Stimme. «Wir sind noch nicht in der Vorstadt.»

Gleichzeitig ertönte ein beherztes Nein. Es bohrte sich durch das Türblatt, und der Junge schwang herum, endlos enttäuscht, und er sah sich bei der Eiche sitzen, allein und verlassen, und er klopfte an Türen, die verschlossen blieben, watete durch eine endlose Wüste aus Kälte und Regen und betrachtete seine wunden Sohlen und lief vor etwas davon, das zähnefletschend hinter ihm herjagte, und er sah ein Bild von sich selbst, wie er ausgestreckt den Fluss hinuntertrieb, unter Wasser, aber mit aufgerissenen Augen, und er schrie nach der Mutter, die nicht antworten wollte, obwohl er schrie, bis seine Lungen schmerzten, und er wartete in der Dunkelheit, weil sich alles gegen ihn verschworen hatte, und er hörte ein Kichern und ein Schmatzen, so ekelhaft und boshaft, dass alles Leben zu Stein erstarrte, aber er kannte die Dunkelheit und er kannte ihre Boten

Der gute Junge

und die Last und die Härte, die daraus erwächst, und er schüttelte alles ab, wie oft zuvor, weil er innerlich kein Junge mehr war, sondern ein junger Mann, und er riss die Tür auf, und es war besiegelt.

«Am höchsten Kirchturm der Stadt?», fragte der Bankier. Er hielt die Hand des Uhrmachers. Er hielt sie mit seiner rechten Hand und hatte ihm die linke auf die Schulter gelegt. Die Ewigkeit war zum Greifen nahe, und er hatte nicht vor, sie ziehen zu lassen.

«Die Kathedrale, gewiss», antwortete der Uhrmacher. «Hoch oben. Dafür habe ich sie gebaut. Und dort wird sie thronen, auf immer und ewig.»

Ja, dafür hatte er sie gebaut, und nur dafür. Das wusste der Uhrmacher. Das verstand nun der Bankier.

«Und ich werde dich reich entlohnen», sagte er sodann. «Für dein Meisterwerk und dafür, dass du meinen Namen darauf verewigst. Als Gönner und Stifter dieses Wunders, damit die Menschen auch noch in vielen hundert Jahren an mich denken werden.»

Der Uhrmacher nahm die Brille ab, löste den Händedruck und lehnte sich glücklich gegen die Werkbank. Er dachte an seinen Ruhestand. Ein vergoldeter Ruhestand. An den Fenstern wankten Gestalten vorbei. Zuerst einzeln. Dann in Rudeln. Der Junge hielt den Atem an. Groß war die Versuchung, einfach vorzupreschen, doch er zwang sich zur Geduld. Der Bankier holte indessen tief Luft.

«Nun zu deinem Anteil», sagte er mit gütiger Stimme. «Der Handelsposten, die Mühle, die Speicher und Wagen sollen wie versprochen den Bauern des Tals gehören. Das kann ich verschmerzen.» Er zeichnete ein Kreuz auf seine Brust, als Siegel für den Pakt. Dann fuhr er fort: «Und die roten Schuldbücher des Magnaten? Die werfe ich zur Straße hinaus.»

Die Turmuhr und alle Uhren des Hauses schlugen zwölf. Ein Geräusch, das über der Szene lag wie ein Fanal.

Der Bankier grinste vergnügt: «Genauer gesagt fliegen sie in diesem Moment hinunter auf die Straße und brandmarken seinen Ruin auf alle Zeiten hinaus. Und ich werde seinen Besitz pfänden und niemand wird ihm auch nur mehr einen Pfennig leihen.»

Der Junge wirbelte herum und sprang in die Luft. Dann berührten seine Beine den Boden, und er stürmte ins Freie. Er schrie: «Der Magnat ist bankrott, der Magnat ist bankrott. Hört her und tragt es weiter.»

Nichts rührte sich. Außer der Butler, der ungläubig das Kinn nach unten drückte und begriff.

«Der Magnat ist bankrott», schrien sodann beide im Chor, und sie schrien so lange, bis der erste Städter sein Fenster aufriss. Bald folgten ihm weitere, und sie traten auf die Straße hinaus, von allen Seiten, und sie tuschelten ganz aufgeregt über das, was nicht vorstellbar war. Dann lachte einer und seine Stimme überschlug sich: «Der Magnat? Bankrott? Dann ist er so arm wie eine Kirchenmaus. So arm wie ich.» Er klatschte sich auf die Schenkel, und ein Gelächter brach aus und es fegte durch die Gassen wie ein Sturmwind, und es holte die Trunkenbolde ein, die kahlgeschorenen Köpfe und die Kuriere, und es polterte an alle Türen und Fenster.

Der gute Junge

Bald kam der Schläger mit den feuerroten Haaren um die Ecke zurück. Er warf den Knüppel zur Seite und rümpfte die Nase. Die anderen Schergen taten es ihm gleich. Dann trabte ein schwarzer Reiter heran. Das Gebot der Eile galt nicht mehr, aber seine Miene verriet, dass er den Tag entschädigt haben wollte, und so hielt er auf die Villa des Magnaten zu.

Dort lief wenig später alles aufgeregt umher. Die ersten Gläubiger warteten schon auf Einlass. Vergeblich. Und so steigerte sich ihre Ungeduld schnell zu Wut hoch, und die Köche, Mägde und Stallburschen spürten dies und nahmen, was nicht angenagelt war, nur um rasch durch den Hintereingang zu verschwinden. Einzig der Diener blieb in der pompösen Eingangshalle zurück. Er wollte den Niedergang seines Herren bis zuletzt auskosten, auch wenn es sein eigenes Verderben bedeuten sollte. Doch dieses Gefühl verflog, als der Magnat hoch oben auf der freischwingenden Treppe erschien. Noch immer strahlte er eine brutale Kraft aus, und der Diener erstarrte. Er schämte sich seiner Feigheit, die in diesem Moment so unangebracht war wie die Reue des Jägers vor dem frisch erlegten Reh. Also schlug er sich auf die Brust, schritt zur Tür hin und hob den ersten Riegel an.

«Nicht», stammelte der Magnat auf einmal. «Bitte nicht.» Und er taumelte die Treppe hinunter, mit wehklagendem Blick und einem Ausdruck auf den Lippen, der um Gnade flehte.

Der Diener sah sich bestätigt und hob auch den zweiten Riegel an, bis er klackend in seiner Verankerung verschwand. Wieder flehte der Magnat um Gnade, stürzte auf die Knie und zog sein goldenes Etui hervor. Er breitete es zu Füßen des Dieners aus und legte dazu noch einen Ring, eine Taschenuhr und alles, was er sonst noch an seinem schwitzenden Leib finden konnte. Der Diener schloss die Augen. Klackend rastete der dritte Riegel ein, und die Eingangstür flog auf. Was an Zorn dagegengehalten hatte, flutete die Halle und schmetterte den Diener zu Boden. Der Magnat bäumte sich auf und schaffte es irgendwie, hinter eine Gardine zu kriechen. Er sah nicht, wie die aufgebrachte Meute sein vormaliges Reich verwüstete, und in Wahrheit war ihm das auch gleich. Er kroch auf allen vieren weiter in die Garderobe, folgte dem versteckten Personalgang bis zur Küche und zwängte sich dort durch eine halboffene Verandatür nach draußen. Ein harter Gegenstand traf ihn bei der Flucht an der Schulter, und er kippte fast zusammen. Dann stolperte er, verlor einen Schuh und erreichte mit letzter Kraft die Stallungen. Kurze Zeit später sah man daraus einen Reiter hervorpreschen. Er verschwand in einer Staubwolke, weit im Norden, wo sich der Horizont über die undurchdringliche, kahle Ebene spannt, und Ross und Reiter waren nie mehr wiedergesehen.

KAPITEL 15

Die Rückkehr des Glücks

Als ich den Jungen das letzte Mal traf, stand er breitbeinig im Schatten der großen Eiche. Am Leib trug er einen Anzug aus bester Wolle, und seine Stiefel glänzten im Licht des heraufziehenden Herbstes. Um seinen Hals war ein Seidentuch gewickelt, und auf dem Kopf prangte die Mütze.

Er war glücklich und wusste, das letzte Stück der Reise würde das leichteste sein. Er ging zum Wagen zurück und zurrte eine Leine fest. Sie hielt den Ertrag eines ganzen Sommers zusammen. Fässer, Kisten und Säcke. Auf dem Fahrersitz saßen das Mädchen und ihr Brüderchen. Sie lächelte verliebt herunter, und der Junge fühlte ein Kribbeln im Bauch. Was haben wir alles zusammen erlebt, dachte er. Was haben wir alles zusammen durchgemacht. Dann dachte er an sein Heim und versuchte abzuschätzen, wie weit es noch war. Gegen Abend sind wir dort, sagte er sich. Bestimmt. Und dann werden wir uns in den Armen liegen. Endlich.

Ich darf nicht erschrecken, dachte er. Sie haben stark gelitten, so wie alle Bauern des Tals, und ihre hohlen Wangen und die tiefen Falten in ihren Gesichtern werden davon zeugen. Ich darf nicht erschrecken, sondern muss sie mit einem Lächeln empfangen. Das beste und ehrlichste, welches ich hervorzuzaubern vermag. Dann werden sie sehen und erkennen, was die Stunde geschlagen hat. Dann erst wird der Schmerz dieser unsäglichen Zeit verschwinden und das Glück zurückkehren. Von hinten hörte er einen freudigen Pfiff. Es waren die starken Kerle, die nun ebenfalls aufgeschlossen hatten. Bald würde die Kolonne der Heimkehrer komplett sein.

Der Junge nutzte die Zeit und ging zur Eiche zurück. Er wollte noch ein wenig allein sein. Weit im Norden hoben sich die scharfen Umrisse der Stadt ab. Mancherorts stiegen schwarze Rauchsäulen auf. Verhalten, aber doch unverkennbar, und so wie sie den Schloten einen Sinn gaben, läuteten sie gleichsam das Ende der Wirtschaftskrise ein. In einem Jahr würde alles vergessen sein, dachte der Junge, und die Stadt würde wieder dröhnen und pochen und ächzen und schwitzen wie am Tag meiner Ankunft. Aber uns wird es gutgehen, dachte er, und die Weberin und die Lehrerin werden sich um die Waisen kümmern und um all jene, die Schutz und Sorge brauchen. Dafür haben

Der gute Junge

wir das Paradies geschaffen, und sie werden es pflegen und gestalten, und es wird stets unsere zweite Heimat sein, wenn wir alsdann in die Stadt zurückkehren. Bis dahin gibt es im Tal genug zu tun. Der Schaden muss in Ordnung gebracht werden, dachte er. Aber mit dem, was wir nun wissen und an Reichtümern haben, und mit dem, was uns der Bankier geschenkt hat, wird der Tag kommen, wo das Tal aus seinem dunklen Schlaf erwacht. Das wird bald sein, sagte der Junge und blickte auf seine wartenden Gefährten. Sehr bald.

«Wir wollen weiter», rief das Mädchen und streckte ihre Hand aus. «Komm schon, du Streuner.»

Der Junge lächelte verlegen. Er ließ seine Hand über die raue Rinde der altehrwürdigen Eiche gleiten, um sich daran zu erinnern, dass es kein Traum war. Ich wusste, dass meine Anwesenheit nicht mehr gebraucht wurde. Ich war ein Teil von ihm geworden und ein Teil von allen Kindern, die an diesem lieblichen Herbsttag dem Tal zufuhren. Es gab noch viele Schicksale, die es zu wenden galt. In allen Ecken dieser schönen, aber manchmal auch boshaften Welt, und ich wollte den Jungen einem letzten Test unterziehen, bevor ich weiterzog.

«Was wirst du machen, wenn jemand kommt», fragte ich, «und alles in Scherben schmeißt, was dir lieb und teuer ist?»

Der Junge drehte sich zum Mädchen hin und sah sie an.

«Was wirst du tun, wenn es dir den Boden unter den Füßen wegzieht, wenn du läufst und strebst und die Zeit davoneilt, als wäre die Sanduhr zerbrochen?»

Eine Brise kam auf, strömte durch das dicke Geäst und ließ goldrotes Eichenlaub auf den Jungen niederschweben. Er nahm seine Mütze vom Kopf und fuhr sich durch das Haar.

«Und wenn du dein Glück verlierst», fragte ich zuletzt, «was wirst du dann tun?»

Der Junge blickte voller Entschlossenheit hoch, rückte die Mütze zurecht und schwang sich auf den Wagen. Dann nahm er die Zügel in die Hand.

«Wenn das passiert», sprach er keck, «wenn das passiert, lieber Freund, werde ich mich aufmachen und es wiederfinden.»

KAPITEL 16

Der schönste Tag

Im Tal ahnte niemand, was der laue Herbstabend noch bringen würde. Die Menschen bereiteten sich fieberhaft auf den Winter vor. Die Belegschaft des Handelspostens war von einem Tag auf den anderen abgezogen. Ohne ein Wort zu sagen. Die ehemaligen Angestellten des Magnaten hinterließen ein großes Chaos, aber das störte die Talbewohner nicht. Im Gegenteil. Sie waren froh über die wiedergewonnene Freiheit und versuchten zu ernten, was es noch zu ernten gab. Einige Felder lagen brach, weil der Aufseher noch vor Wochen verboten hatte, Saatgut auszubringen. Die Waren aus dem Tal konnten kaum noch verkauft werden, seitdem die Stadt durch eine schwere Wirtschaftskrise gebeutelt wurde. Sie waren einfach zu teuer. Daher hatte der Magnat dem Aufseher befohlen, jeden Taler zweimal umzudrehen und das hatte er getan. Zum Nachteil der Talbewohner, die sich wieder einmal die Frage stellen mussten, wie sie über den Winter kommen sollten.

Das war die große Sorge in den Köpfen der Menschen. Solange der Herbst mild und trocken blieb, dachten sie, gab es noch eine Chance. Wenn aber der Frost wieder so früh käme, wie in den Jahren zuvor, würde es hart werden. Sehr hart.

Niemand hörte an diesem Abend das polternde Geräusch aus dem Süden. Die Sonne stand schräg am Himmel und warf sanfte Schatten auf die Berghänge zurück. Unterdessen schwoll das Poltern an. Dazu erklang das freudige Wiehern von Pferden und die Melodie eines Kinderliedes. Bald erreichte die Kolonne eine Kreuzung. Der Abschied war gekommen, wenn auch nur vorübergehend. Die starken Kerle und zwei andere Wagen voller Heimkehrer mussten in eines der westlich gelegenen Seitentäler weiter. Das Mädchen und ihr Brüderchen stiegen auf einen anderen Wagen um, der scharf nach Osten fahren sollte. Dort gab es einen Weiher und einen kleinen Fluss, dessen Ufern von Höfen gesäumt waren. Eine weitere Gruppe hatte den großen Wald am Rande der Ebene als Ziel. Ihr Weg war der längste und so mahnten sie zum Aufbruch. Noch einmal fassten sich die Kinder an den Händen, drückten ihre Wangen aneinander und versprachen, so bald als möglich zusammenzukommen. Sie waren Freunde geworden. Was das Mädchen und den Jungen betraf, sogar mehr als Freunde. Beide spürten es, als sie sich gegenüberstanden und sie zählten jetzt schon die Stunden bis zu ihrem nächsten Wiedersehen. Dann erschallte ein freudiges «Hurra» und die Kolonne stob auseinander.

Der Junge saß jetzt allein auf dem Wagen. Er betrachtete die beiden Hengste, wie sie gleichmäßig dahintrabten. Sie hatten einmal im Stall des Magnaten gestanden und waren nach dessen Bankrott an den Bankier übergegangen. Dieser wiederum hatte genug Pferde und schenkte sie, so wie vieles andere, den Kindern. Einen der Hengste würde der Junge der Nachbarsfamilie weitergeben. Sie können ihn bestimmt gut gebrauchen, dachte er. Für die Feldarbeit im Sommer und die Holzarbeit im Winter. Dann drehte er sich um und ging seine Ladung durch. Die großen Säcke waren mit Mehl, Grieß, Hirse, Erbsen, Zwieback und Haferflocken gefüllt. Die kleinen Säcke enthielten Zucker, Salz und Trockenobst. Daneben ruhten Kisten voller Rüben, Zwiebeln, Äpfeln und Birnen. Ganz hinten, versteckt unter mehreren Lagen Stoff und Wolle, lagen mit Butterschmalz gefüllte Fässer und zwei große Stapel von luftgereiftem Käse. Selbst Würste, Speck und Gewürze aus fernen Ländern lagen dort. Von allem etwas und von allem genug, um es mit den Nachbarn zu teilen. Schließlich fielen dem Jungen auch die Geschenke für seine Lieben ein. Natürlich hatte er nicht nur an ihr leibliches Wohl gedacht. Er wollte jedem persönlich eine Freude machen und holte einen zugebundenen Jutesack unter dem Sitzbrett hervor.

Mit so einem Sack bin ich losgezogen, dachte er. Ich hatte ein paar Äpfel darin verstaut, sonst nichts. Das reichte gerade für den ersten Tag meiner Reise. Weiter hätte es mich nicht gebracht. Und jetzt komme ich zurück mit einem Stoffesel für meinen kleinen Bruder. Er grinste vergnügt und stellte sich vor, welche Augen der Jüngste der Familie bald machen würde. Bestimmt ist er ordentlich gewachsen, dachte er dann und seine Gedanken schweiften zu drei farbenprächtigen Seidenschals, die sorgsam gefaltet im Jutesack lagen. Sie waren für die Mutter und die beiden Schwestern bestimmt und er sah sie in einer Art Modenschau vor sich herumtänzeln und hörte dazu das laute Klatschen des Vaters. «Ach, Vater», flüsterte er nun. «Ich habe dir Winterstiefel mitgebracht, so wie du sie noch nie gesehen hast.» Sie waren genagelt und mit Lammfell gefüttert und mit ihnen konnte man die steilsten Hänge erklimmen, ohne auszurutschen und sie hielten einen warm und trocken, selbst im tollsten Eisregen, ja selbst im tiefsten Schnee.

Der Junge dachte noch über vieles nach und er grinste unentwegt, während er tiefer und tiefer in das breite Tal hineinfuhr. Er wandte keinen Blick und merkte nicht, wie er auf den letzten Metern um eine Biegung kam und der Hof urplötzlich vor ihm lag. Der Vater trat gerade aus dem Stall. Er wollte noch Heu holen, aber als er den jungen Mann sah und sein Antlitz, ließ er die Heugabel fallen und sank auf die Knie. Im gleichen Moment blickte die Mutter aus dem Küchenfenster. Sie saß dort in aller Bescheidenheit und stopfte Socken, die kaum mehr zu stopfen waren. Sie sah den Wagen herankommen und hörte den vor Freude jauchzenden Vater. Die Nadel glitt aus ihren Fingern und fiel lautlos zu Boden. Dann riss sie die Augen auf, voller Staunen und wusste nicht, ob sie zuerst rennen oder schreien sollte, aber sie tat beides und alarmierte so die beiden Schwestern, die verwundert aus der Stube kamen und losstürmten, als sie begriffen, dass endlich das Glück zu ihnen zurückgekehrt war. Draußen sprang der Junge vom Wagen und meinte, er würde fliegen, weil er nicht merkte, wie seine Füße den Boden berührten, sondern er sah nur freudestrahlende Gesichter und weit aufgespreizte Arme und in die sank er nun, kaum einen Wimpernschlag später und er weinte vor Freude und er spürte die Küsse der Mutter und des Vaters auf seiner Stirn und zarte Hände, wie sie sich um seinen Hals schlangen. Ein lautes Quietschen durchbrach den Freudentaumel. Der Junge blickte hoch und sah, dass die zweite Schwester in das Haus zurückgerannt war, um den kleinen Bruder zu holen. Ganz so klein war er nicht mehr, er konnte sogar schon laufen, aber nicht so schnell, wie es der schönste aller Momente gefordert hätte. Und so quietschte er nun lautstark und an die Schwester geklammert und bald war die Familie komplett.

An diesem mit Liebe und Glück erfüllten Abend stand die Zeit still. So wie der Uhrmacher es gesagt hatte. Es war einer jener unerwarteten und gleichsam unvergesslichen Momente, die immer dann passieren, wenn alles Gute zusammen kommt. So manche schmerzliche Erinnerung verblasste durch die schiere Freude. Auch das hatte der Uhrmacher vorhergesagt und der Junge fühlte, wie ihm die Mutter durch das Haar strich und leise flüsterte: «Mein guter Junge, ach mein guter, lieber Junge.»

Sie standen noch lange dort, bis die Hengste ungeduldig wurden und der Vater sie von ihrem Zaumzeug befreite. Dann luden sie gemeinsam den Wagen ab und nahmen heiter zur Kenntnis, dass es gar nicht so einfach war, all die Reichtümer im Haus zu verstauen.

«Wir brauchen mehr Platz und wir brauchen eine Scheune für den Wagen», sagte der Vater andächtig, woraufhin der Junge eifrig nickte. Die Wangenknochen des Vaters waren plötzlich nicht mehr so hohl und auch die ernsten Stirnfalten der Mutter waren auf einmal verschwunden. Sie arbeiteten noch weit in den Tag hinein, bis zu dem Zeitpunkt, wo die Sonne bereits hinter der Hügelkette verschwunden war. Dann gingen sie in das Haus. Der Junge stellte dort eine lieblich verzierte Öllampe auf den Tisch und entflammte sie. Dann packte er die mitgebrachten Geschenke aus und entfachte damit ein neues Hochgefühl. Keiner dachte an diesem Abend an das Bett. Selbst das kleine Brüderchen nicht. Er war viel zu sehr damit beschäftigt seinem Stoffesel alles zu zeigen. Sein Bettchen, den Kasten, die Stube der Eltern, die Küchenschränke und jeden noch so kleinen Winkel im Haus. Die Schwestern schmiegten sich in das weiche Seidengeschenk und fühlten sich wie Prinzessinnen eines sagenhaft schönen Königreiches.

Der gute Junge

«Passt wie angegossen», rief der Vater, als er die ersten Schritte in den neuen Stiefeln tat. Dabei folgten ihm die staunenden Augen seiner Lieben. Die Mutter rang nach Worten, als sie immer und immer wieder über das farbenprächtige Muster ihres Schals strich. Was für ein Glück wir doch mit unserem Jungen haben, dachte sie. Und jetzt sind wir wieder alle zusammen, so wie ich es mir jeden Abend, jeden Morgen und in so manch anderer Stunde gewünscht habe. Aber wie hat er das bloß angestellt, dachte sie. «Wie hast du das geschafft?»

Die leise Frage durchbrach die freudige Atmosphäre und es wurde unvermittelt still. Alles blickte zum Jungen.

«Wie ich es geschafft habe?»

«Ja», sagte der Vater. «Wie?»

Der Junge ließ den Kopf sinken. Er hatte eine solche Frage erwartet, aber wie sollte er darauf antworten? Kurzerhand zog er einen Stift aus der Westentasche und klemmte ihn zwischen die Lippen. Dann legte er den Kopf in den Nacken und begann das Ende des Stiftes von einer Seite zur anderen zu stoßen. Er sah ein schemenhaftes Bild vor sich. Ein Bild von Menschen, wie sie sich aus dem Nebel schälten und auf ihn zutraten. Er erkannte die Weberin und den Uhrmacher und er erkannte bald viele andere liebevolle Gesichter, die er auf seiner Reise getroffen hatte. Der Stift bewegte sich nun schneller. Einmal stoppte er kurz, nur um sofort wieder seine Bahnen zu ziehen. Nur das Atmen der neugierigen Beobachter war noch zu hören. Dem Jungen selbst entfiel kein Laut. Er schloss die Augen und der Tanz des Stiftes ebbte langsam ab. Er sah es nun deutlich vor sich. Das vollendete Bild seiner Reise. Ein Bild von der Reise zum Glück. Er nahm den Stift von seinen Lippen und öffnete lächelnd die Augen. Dann sagte er: «Wir alle haben fünf Güter, auf die wir Acht geben müssen. Fünf Glücksgüter, deren Mangel oder Überfluss uns sagen, wie schwer oder wie leicht wir es auf unserer Lebensreise haben werden.»

Er zählte sie an seinen Fingern ab:

«Erstens, Gesundheit. Zweitens, Zeit. Drittens, Wissen. Viertens, Familie und Freunde. Und fünftens, Geld.»

«Manche Güter sind wichtiger als andere», sagte er. «Die einen sind endlich, die anderen lassen sich zu Bergen auftürmen. Die einen fehlen uns nur dann, wenn wir schon viel zu wenig davon haben. Die anderen verschleiern hingegen schnell den Blick auf das, was wirklich wichtig ist. Ein Gut allein ist nutzlos. Die Kunst ist es, dass richtige Gleichgewicht zu finden. Für jede Phase des Lebens. Und dazu muss man weise tauschen.»

«Tauschen?», hörte er die eine Schwester fragen.

«Ja, tauschen», sagte der Junge und fuhr fort: «Ein jeder Mensch sehnt sich nach etwas und jeder Mensch hat auch etwas zu geben. Man muss nur herausfinden, was diese Dinge sind und man muss bereit sein, zuerst zu geben. Die Weberin wollte nicht allein sein, also sind wir zu ihr in die Vorstadt gezogen. Sie hat uns dafür das Paradies vermacht. Die Bibliothekarin wollte immer eine Lehrerin sein und das ist sie nun auch und sie hat uns Lesen und Schreiben beigebracht. Der Uhrmacher wünschte sich einen würdigen Platz für sein Meisterwerk und eine gute Entlohnung für den Ruhestand. Der Bankier wollte sich am Ende seiner Tage verewigen und so habe ich die beiden zusammengebracht und alle haben am Ende das bekommen, was sie wollten. Sogar wir Kinder.»

«Und der Magnat?», fragte die Mutter mit fröstelnder Stimme.

«Der hat schließlich auch bekommen, was ihm zusteht», antwortete der Junge. «Er hat den Menschen weggenommen, nach was sie sich sehnten und er hat nur Angst, Leid und Elend gegeben. Früher oder später widerfährt all jenen, die nur von Gier getrieben sind das gleiche Schicksal. Sie rufen es selbst herbei.»

Der Junge hätte noch so manches sagen können, was den Unterschied zwischen Glück und Unglück ausmachte. Allen voran die Tatsache, mutig zu sein und immer zusammenzuhalten, ganz gleich wie schlimm die Umstände auch waren. Er hätte auch noch vom Sturm erzählt und von der Art und Weise wie sich daraus neue Chancen ergeben hatten. Er hätte davon erzählt, wie wichtig es ist, Freunde an der Seite zu haben, die gleich fühlen, gleich denken und das gleiche wollen. Er hätte noch so manches sagen können, aber dafür war noch genug Zeit. Er wollte einfach den Moment genießen. Er wollte das Glück tief einsaugen und in seinem Herzen verewigen, auf das es dort für immer leuchten würde. Er wollte nicht zurückblicken, wo es dunkel war, sondern nur mehr nach vorne in das Licht. Er spürte wieder einen Kuss auf der Stirn und die Hand der Mutter, wie sie ihn an sich drückte. Ihm kam ein schöner Gedanke, aber er sprach ihn nicht aus. Er dachte, das sei nun das letzte und größte Geheimnis der Reise zum Glück und das war es auch. Nämlich zu wissen, warum man es tut ...

Printed in Poland
by Amazon Fulfillment
Poland Sp. z o.o., Wrocław

83208300R00122